쉽고 부담 없이 공부할 수 있는
하루 10분 학습 플래너

나의 학습 플랜을 정하세요.
☐ 70일 완성 (하루에 Day 1개씩)
☐ 35일 완성 (하루에 Day 2개씩)
☐ 10일 완성 (하루에 Day 7개씩)
☐ ____일 완성 (하루에 Day___개씩)

학습을 마친 Day 번호 체크해보기

1	2	3	4	5	6	7	8	9	10
11	12	13	14	15	16	17	18	19	20
21	22	23	24	25	26	27	28	29	30
31	32	33	34	35	36	37	38	39	40
41	42	43	44	45	46	47	48	49	50
51	52	53	54	55	56	57	58	59	60
61	62	63	64	65	66	67	68	69	70

일본어회화를 공부하는
하루 10분이 더 재밌어지는

학습을 위한 추가 혜택

할인	이용방법
본 교재 인강 (할인쿠폰 수록)	해커스일본어(japan.Hackers.com) 접속 후 로그인 ▶ 상단의 [수강신청 → 회화/문법] 클릭하여 이용

무료	이용방법
교재 MP3	해커스일본어(japan.Hackers.com) 접속 후 로그인 ▶ 상단의 [교재/MP3 → MP3/자료] 클릭하여 이용

무료	무료	무료
기초 패턴 정리표(PDF)	패턴 문장 쓰기노트(PDF)	단어 퀴즈(PDF)

이용방법

해커스일본어(japan.Hackers.com) 접속 후 로그인 ▶
상단의 [교재/MP3 → MP3/자료] 클릭하여 이용

해커스일본어 단과/종합 강의 10,000원 할인쿠폰

K3EKB00E688KE000

이용방법

해커스일본어(japan.Hackers.com) 접속 후 로그인 ▶
상단의 [나의정보 → 나의 쿠폰]에서 쿠폰 등록 후 강의 결제 시 사용 가능

* 쿠폰 등록 후 사용기간 : 7일
* 본 쿠폰은 1회에 한해 등록 가능합니다.
* 이 외 쿠폰 관련 문의는 해커스일본어 고객센터(T.02-537-5000)로 연락 바랍니다.

해커스 왕/초/보 일본어회화 10분의 기적

기초패턴으로 말하기

해커스

목차

일본인이 가장 많이 쓰는
만능 기초패턴 70

왕초보도 일본어 회화가 가능해지는 10분의 기적 학습법 ···· 8
히라가나와 가타카나 문자·발음 익히기 ···················· 10
동사의 종류와 활용 ································· 16

1장 소개하고 설명하는 패턴

Day 01	한국인이에요. 소개하고 정의하는 **です** 패턴	20
Day 02	저는 선생님이에요. 문장의 대상을 가리키는 **は** 패턴	22
Day 03	등산이 취미예요. 문장의 대상을 특정하는 **が** 패턴	24
Day 04	유명한 카페예요. **な**형용사로 특징을 말하는 패턴	26
Day 05	이건 새로운 스마트폰이에요. **い**형용사로 특징을 말하는 패턴	28
Day 06	제가 갈 학교예요. 동사로 특징을 말하는 패턴	30
Day 07	두 사람은 형제예요? 단순한 정보를 물어보는 **ですか** 패턴	32
Day 08	생일은 언제예요? 구체적인 정보를 물어보는 의문사 패턴	34
Day 09	어제는 쉬는 날이었어요. 지난 일을 말하는 **でした** 패턴	36
Day 10	저건 저의 가방이에요. 누구의 것인지 말하는 **の** 패턴	38
Day 11	축제는 오늘이 아니에요. 아니라고 말하는 **じゃないです** 패턴	40
Day 12	그의 말은 거짓말이 아니었어요. 아니었다고 말하는 **じゃなかったです** 패턴	42

해커스 왕초보 일본어회화 10분의 기적
기초패턴으로 말하기

| **2장** | **상태와 느낌을 전하는 패턴** |

Day 13 도서관은 조용해요. な형용사로 상태를 말하는 です 패턴 46
Day 14 월세가 저렴해요. い형용사로 느낌을 말하는 です 패턴 48
Day 15 그는 명랑하고 싹싹해요. な형용사로 두 가지 상태를 말하는 で 패턴 50
Day 16 맛있고 건강한 레시피예요. い형용사로 두 가지 느낌을 말하는 くて 패턴 52
Day 17 인터넷이 너무 느려요. 나의 말을 강조하는 패턴 54
Day 18 지난주는 꽤 한가했어요. な형용사로 과거의 상태를 떠올리는 でした 패턴 56
Day 19 면접은 조금 힘들었어요. い형용사로 과거의 느낌을 떠올리는 かったです 패턴 58
Day 20 드라마가 원작보다 재미있었어요. 두 가지를 비교하는 より 패턴 60
Day 21 운동은 좋아하지 않아요. な형용사로 다른 생각을 전하는 じゃないです 패턴 62
Day 22 올해는 그렇게 덥지 않아요. い형용사로 다른 생각을 전하는 くないです 패턴 64
Day 23 가격도 비싸지 않아요. 추가로 설명하는 も 패턴 66
Day 24 점원은 친절하지 않았어요. な형용사로 좋지 않았던 상태를 말하는 じゃなかったです 패턴 68
Day 25 컨디션도 좋지 않았어요. い형용사로 좋지 않았던 느낌을 말하는 くなかったです 패턴 70

넘겨서 목차 더 보기 →

일본인이 가장 많이 쓰는 만능 기초패턴 70

3장   행동과 상태의 변화를 말하는 패턴

Day 26   부탁이 있어요.   1그룹 동사로 상태를 말하는 <ruby>ます<rt>마스</rt></ruby> 패턴   74

Day 27   여기는 후지산이 보여요.   2그룹 동사로 상태를 말하는 <ruby>ます<rt>마스</rt></ruby>패턴   76

Day 28   곧 전철이 와요.   3그룹 동사로 상태를 말하는 <ruby>ます<rt>마스</rt></ruby>패턴   78

Day 29   저녁은 전골을 만들어요.   무엇을 하는지 말하는 <ruby>を<rt>오</rt></ruby> 패턴   80

Day 30   음악을 들으면서 책을 읽어요.   동시에 하는 행동을 설명하는 <ruby>ながら<rt>나가라</rt></ruby> 패턴   82

Day 31   일본을 여행하는 것이 기대돼요.   동작을 가리키는 <ruby>の<rt>노</rt></ruby> 패턴   84

Day 32   취소하는 이유가 있나요?   궁금한 점을 질문하는 <ruby>ますか<rt>마스까</rt></ruby> 패턴   86

Day 33   하카타 역은 5분 정도 걸려요.   대략적인 정도를 말하는 <ruby>くらい<rt>쿠라이</rt></ruby> 패턴   88

Day 34   호텔을 예약했어요.   이전에 했던 행동을 말하는 <ruby>ました<rt>마시따</rt></ruby> 패턴   90

Day 35   이자카야에서 어묵을 시켰어요.   행동이 일어난 장소를 말하는 <ruby>で<rt>데</rt></ruby> 패턴   92

Day 36   친구와 식사를 했어요.   행동을 함께한 사람을 말하는 <ruby>と<rt>또</rt></ruby> 패턴   94

Day 37   아침부터 밤까지 놀았어요.   행동의 시작과 끝을 말하는 <ruby>から<rt>까라</rt></ruby>와 <ruby>まで<rt>마데</rt></ruby> 패턴   96

Day 38   마감 전까지 리포트를 제출할게요.   끝내야 하는 시점을 말하는 <ruby>までに<rt>마데니</rt></ruby> 패턴   98

Day 39   시곗바늘이 움직이지 않아요.   일어나지 않은 행동을 말하는 <ruby>ません<rt>마셍</rt></ruby> 패턴   100

Day 40   설에는 본가에 가지 않아요.   목적지와 시간을 말하는 <ruby>に<rt>니</rt></ruby> 패턴   102

Day 41   커피는 마시지 않았어요.   하지 않았던 행동을 말하는 <ruby>ませんでした<rt>마셍 데시따</rt></ruby> 패턴   104

4장 상황과 생각을 전하는 패턴

Day 42 영수증을 주세요. 상대에게 부탁하는 をください(오쿠다 사이) 패턴 — 108

Day 43 저는 생맥주로 할게요. 선택과 결정을 전달하는 にします(니시마스) 패턴 — 110

Day 44 이 영화는 히트칠 거라고 생각해요. 주관적인 생각을 말하는 とおもいます(토오모이마스) 패턴 — 112

Day 45 비행기가 지연된대요. 전해 들은 정보를 전달하는 そうです(소-데스) 패턴 — 114

Day 46 내일은 일이 있거든요. 이유와 상황을 설명하는 んです(은데스) 패턴 — 116

Day 47 기타를 칠 수 있어요. 할 수 있다고 말하는 ことができます(코또가데끼마스) 패턴 — 118

Day 48 야구를 보러 가요. 어떤 일을 하러 가는지 말하는 に(니) 패턴 — 120

Day 49 슬슬 집에 돌아가요. 상대에게 제안하는 ましょう(마쇼-) 패턴 — 122

Day 50 도시에서 살고 싶어요. 내가 하고 싶은 일을 말하는 たいです(타이데스) 패턴 — 124

Day 51 그는 골프를 배우고 싶어 해요. 다른 사람이 하고 싶어 하는 일을 말하는 たがっています(따갈때이마스) 패턴 — 126

Day 52 돈을 너무 많이 썼어요. 지나친 행동을 후회하는 すぎました(스기마시따) 패턴 — 128

일본인이 가장 많이 쓰는 만능 기초패턴 70

5장 계획과 가능성을 말하는 패턴

Day 53 스트레칭을 하도록 할게요.　앞으로 실천할 행동을 말하는 _{요 - 니시마스} **ようにします** 패턴　132

Day 54 사람이 많아서 기다릴 수밖에 없어요.　어쩔 수 없다고 말하는 _{시카나이데스} **しかないです** 패턴　134

Day 55 그녀는 인플루언서가 되었어요.　변화를 말하는 _{니나리마시따} **になりました** 패턴　136

Day 56 다이어트를 할 생각이에요.　마음 속 계획을 말하는 _{쯔모리데스} **つもりです** 패턴　138

Day 57 서울로 이사하기로 했어요.　내가 결정한 일을 말하는 _{코토니시마시따} **ことにしました** 패턴　140

Day 58 티켓이 매진될지도 몰라요.　확신 없이 가능성을 말하는 _{까모시레마셍} **かもしれません** 패턴　142

Day 59 내일은 맑을 거예요.　확신하며 추측하는 _{데 쇼-} **でしょう** 패턴　144

Day 60 입원을 하게 되었어요.　타의에 의해 결정된 일을 말하는 _{코토니나리마시따} **ことになりました** 패턴　146

Day 61 이 길은 헷갈리기 쉬워요.　일어나기 쉬운 일을 말하는 _{야스이데스} **やすいです** 패턴　148

Day 62 최근 일에 집중하기 어려워요.　일어나기 어려운 일을 말하는 _{니꾸이데스} **にくいです** 패턴　150

Day 63 풋살을 하기 시작했어요.　시작한 일을 말하는 _{하지메마시따} **はじめました** 패턴　152

Day 64 그 애니를 드디어 다 봤어요.　완료된 일을 말하는 _{오와리마시따} **おわりました** 패턴　154

Day 65 이제 곧 단풍이 시작될 것 같아요.　상황을 보고 직감적으로 판단하는 _{소 - 데스} **そうです** 패턴　156

6장   문장을 이어 말하는 패턴

Day 66   저녁을 만들기 위해 장을 봤어요.   목적을 말하는 **ために**(타메니) 패턴   160

Day 67   교토를 여행해요. 그리고 고베도 가요.   여러 가지를 나열하는 **そして**(소시떼) 패턴   162

Day 68   야근했어요. 하지만 일이 끝나지 않았어요.   예상과 다른 결과를 말하는 **でも**(데모) 패턴   164

Day 69   공원이 가까워요. 그래서, 자주 가요.   원인을 말하는 **だから**(다까라) 패턴   166

Day 70   목이 아파요. 게다가, 열도 있어요.   정보를 덧붙이는 **それに**(소레니) 패턴   168

부록

01 대명사와 가족 호칭   172
02 숫자·시간·날짜 표현   174
03 인사말   178

왕초보도 일본어 회화가 가능해지는
10분의 기적 학습법

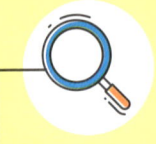
패턴 구조를 보고 오늘 학습할
기초패턴을 한눈에 파악해 보세요!

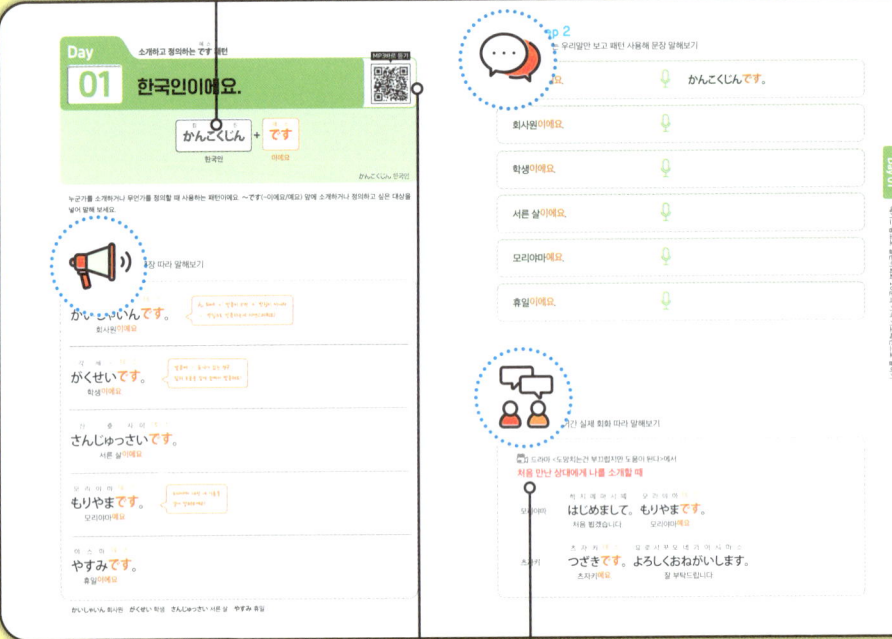

스마트폰으로 QR 코드를 찍으면,
스텝별로 일본어 음성을 함께 들으며
효율적으로 학습할 수 있어요!

만능 기초패턴이 들어간
영화와 드라마, 애니메이션 속
실제 회화를 확인해보세요!

해커스 왕초보 일본어회화 10분의 기적
기초패턴으로 말하기

🕐 권장 학습시간: 3-4분

Step 1: 패턴이 사용된 문장 따라 말해보기

- 일본인이 가장 많이 쓰는 만능 기초패턴을 **활용한 문장을 따라 말해보세요**. 모든 문장에 한국어 발음이 있어 일본어 글자를 몰라도 부담없이 따라 읽어 볼 수 있어요!
- **스마트폰으로 QR코드를 찍어서** 문장을 들으며 따라 말해보세요.

🕐 권장 학습시간: 2-3분

Step 2: 우리말만 보고 일본어 문장 말해보기

- 앞에서 연습한 문장을 우리말만 보고 만능 기초패턴을 활용해 말해 보세요.
- **스마트폰으로 QR코드를 찍으면** 음성을 들으며 문장을 말해보고, 정답을 확인해 볼 수 있어요.

🕐 권장 학습시간: 2-3분

Step 3: 실제 회화 따라 말해보기

- 만능 기초패턴이 사용된 실제 회화를 따라 말해보세요.
- **스마트폰으로 QR코드를 찍어서** 회화를 들으며 따라 말해보세요. 다시 듣고 싶은 회화를 들어볼 수도 있어요.

히라가나와 가타카나 문자·발음 익히기

☑ 히라가나와 가타카나 청음

1) 히라가나 청음

- 히라가나는 일본어의 가장 기본이 되는 문자이며, 외래어를 제외한 모든 일본어와 한자 발음을 표기할 때 사용해요.
- 청음은 발음을 할 때 맑은 소리가 난다고 해서 청음이라고 하며, 탁점(゛)이나 반탁점(°)이 붙지 않는 글자의 발음을 의미해요.
- 자음은 あ행, か행과 같이 '행'이라고 하고, 모음은 あ단, い단과 같이 '단'이라고 해요.

	あ단	い단	う단	え단	お단
あ행	あ 아	い 이	う 우	え 에	お 오
か행	か 카	き 키	く 쿠	け 케	こ 코
さ행	さ 사	し 시	す 스	せ 세	そ 소
た행	た 타	ち 치	つ 츠	て 테	と 토
な행	な 나	に 니	ぬ 누	ね 네	の 노
は행	は 하	ひ 히	ふ 후	へ 헤	ほ 호
ま행	ま 마	み 미	む 무	め 메	も 모
や행	や 야		ゆ 유		よ 요
ら행	ら 라	り 리	る 루	れ 레	ろ 로
わ행	わ 와				を 오
ん			ん 응		

* か행, た행이 문장의 중간이나 끝에 오는 경우, '까, 끼, 꾸, 께, 꼬', '따, 찌, 쯔, 떼, 또'에 가깝게 발음되는 경우도 있어요.

2) 가타카나 청음

- 가타카나는 커피, 스마트폰 등의 외래어와 의성어, 의태어를 표기할 때 사용해요. 또한 추가로 하고 싶은 말을 강조할 때 사용하기도 해요.

	ア단	イ단	ウ단	エ단	オ단
ア행	ア 아	イ 이	ウ 우	エ 에	オ 오
カ행	カ 카	キ 키	ク 쿠	ケ 케	コ 코
サ행	サ 사	シ 시	ス 스	セ 세	ソ 소
タ행	タ 타	チ 치	ツ 츠	テ 테	ト 토
ナ행	ナ 나	ニ 니	ヌ 누	ネ 네	ノ 노
ハ행	ハ 하	ヒ 히	フ 후	ヘ 헤	ホ 호
マ행	マ 마	ミ 미	ム 무	メ 메	モ 모
ヤ행	ヤ 야		ユ 유		ヨ 요
ラ행	ラ 라	リ 리	ル 루	レ 레	ロ 로
ワ행	ワ 와				ヲ 오
ン			ン 응		

*カ행, タ행이 문장의 중간이나 끝에 오는 경우, '까, 끼, 꾸, 께, 꼬', '따, 찌, 쯔, 떼, 또'에 가깝게 발음되는 경우도 있어요.

☑ 히라가나와 가타카나 탁음·반탁음

1) 히라가나 탁음, 반탁음

- 탁음은 글자의 오른쪽 위에 작은 점 두 개인 탁점(゛)이 붙은 글자의 발음을 의미해요. 성대를 울리는 탁한 소리가 난다고 해 탁음이라고 하며, か행, さ행, た행, は행에만 붙어요.
- 반탁음은 글자의 오른쪽 위에 동그란 반탁점(゜)이 붙은 글자의 발음을 의미해요. 반탁음은 오직 は행에만 있어요.

	あ단	い단	う단	え단	お단
が행	が 가	ぎ 기	ぐ 구	げ 게	ご 고
ざ행	ざ 자	じ 지	ず 즈	ぜ 제	ぞ 조
だ행	だ 다	ぢ 지	づ 즈	で 데	ど 도
ば행	ば 바	び 비	ぶ 부	べ 베	ぼ 보
ぱ행	ぱ 파	ぴ 피	ぷ 푸	ぺ 페	ぽ 포

*ぱ행이 문장의 중간이나 끝에 오는 경우, '빠, 삐, 뿌, 뻬, 뽀'에 가깝게 발음되는 경우도 있어요.

2) 가타카나 탁음, 반탁음

	ア단	イ단	ウ단	エ단	オ단
ガ행	ガ 가	ギ 기	グ 구	ゲ 게	ゴ 고
ザ행	ザ 자	ジ 지	ズ 즈	ゼ 제	ゾ 조
ダ행	ダ 다	ヂ 지	ヅ 즈	デ 데	ド 도
バ행	バ 바	ビ 비	ブ 부	ベ 베	ボ 보
パ행	パ 파	ピ 피	プ 푸	ペ 페	ポ 포

*パ행이 문장의 중간이나 끝에 오는 경우, '빠, 삐, 뿌, 뻬, 뽀'에 가깝게 발음되는 경우도 있어요.

☑ 히라가나와 가타카나 요음

1) 요음
- '이' 모음을 가지는 일부 글자에 작은 や(야)·ゆ(유)·よ(요)를 붙여서 읽는 것을 요음이라고 해요.

	히라가나			가타카나		
か/カ행	きゃ 캬	きゅ 큐	きょ 쿄	キャ 캬	キュ 큐	キョ 쿄
さ/サ행	しゃ 샤	しゅ 슈	しょ 쇼	シャ 샤	シュ 슈	ショ 쇼
た/タ행	ちゃ 챠	ちゅ 츄	ちょ 쵸	チャ 챠	チュ 츄	チョ 쵸
な/ナ행	にゃ 냐	にゅ 뉴	にょ 뇨	ニャ 냐	ニュ 뉴	ニョ 뇨
は/ハ행	ひゃ 햐	ひゅ 휴	ひょ 효	ヒャ 햐	ヒュ 휴	ヒョ 효
ま/マ행	みゃ 먀	みゅ 뮤	みょ 묘	ミャ 먀	ミュ 뮤	ミョ 묘
ら/ラ행	りゃ 랴	りゅ 류	りょ 료	リャ 랴	リュ 류	リョ 료
が/ガ행	ぎゃ 갸	ぎゅ 규	ぎょ 교	ギャ 갸	ギュ 규	ギョ 교
ざ/ザ행	じゃ 쟈	じゅ 쥬	じょ 죠	ジャ 쟈	ジュ 쥬	ジョ 죠
ば/バ행	びゃ 뱌	びゅ 뷰	びょ 뵤	ビャ 뱌	ビュ 뷰	ビョ 뵤
ぱ/パ행	ぴゃ 퍄	ぴゅ 퓨	ぴょ 표	ピャ 퍄	ピュ 퓨	ピョ 표

☑ 히라가나와 가타카나의 특수한 발음

1) 촉음
- つ・ッ(츠)를 작게 쓴 것의 발음을 촉음이라고 해요. 우리말의 'ㄱ, ㅅ, ㄷ, ㅂ' 받침처럼 발음해요.

'ㄱ 받침'으로 발음하는 경우	촉음 뒤에 'ㅋ' 발음의 글자가 오면 'ㄱ받침'으로 발음해요. がっき [각끼] 악기 いっこ [익꼬] 한 개 みっか [믹까] 3일
'ㅅ 받침'으로 발음하는 경우	촉음 뒤에 'ㅅ' 발음의 글자가 오면 'ㅅ받침'으로 발음해요. ざっし [잣시] 잡지 けっせき [켓세키] 결석 いっしょ [잇쇼] 함께 함
'ㄷ 받침'으로 발음하는 경우	촉음 뒤에 'ㅌ, ㅊ' 발음의 글자가 오면 'ㄷ받침'으로 발음해요 あさって [아삳떼] 모레 やっつ [얃쯔] 여덟 あっち [앋찌] 저쪽
'ㅂ 받침'으로 발음하는 경우	촉음 뒤에 'ㅍ' 발음의 글자가 오면 'ㅂ받침'으로 발음해요. しっぽ [십뽀] 꼬리 はっぱ [합빠] 나뭇잎 らっぱ [랍빠] 나팔

2) ん・ン 발음
- ん・ン(응)은 우리말의 'ㅇ, ㄴ, ㅁ' 받침처럼 발음해요. 뒤에 오는 글자에 따라 발음이 바뀌어요.

'ㅇ 받침'으로 발음하는 경우	ん 뒤에 'ㅋ, ㄱ' 발음의 글자가 오면 'ㅇ받침'으로 발음해요. てんき [텡끼] 날씨 がんがえ [캉가에] 생각 おんがく [옹가꾸] 음악
'ㄴ 받침'으로 발음하는 경우	ん 뒤에 'ㅅ, ㅈ, ㅌ, ㄷ, ㄴ, ㄹ' 발음의 글자가 오면 'ㄴ받침'으로 발음해요. かんじ [칸지] 한자 あんない [안나이] 안내 べんり [벤리] 편리
'ㅁ 받침'으로 발음하는 경우	ん 뒤에 'ㅁ, ㅂ, ㅍ' 발음의 글자가 오면 'ㅁ받침'으로 발음해요. さんま [삼마] 꽁치 こんぶ [콤부] 다시마 しんぱい [심빠이] 걱정
'콧소리에 가까운 ㅇ 받침'으로 발음하는 경우	ん 뒤에 'ㅇ, ㅎ' 발음의 글자가 오거나 ん으로 끝나면 콧소리에 가까운 'ㅇ받침'으로 발음해요. ほんや [홍야] 서점 でんわ [뎅와] 전화 みかん [미깡] 귤

3) 장음

- あ(아), い(이), う(우), え(에), お(오) 발음을 하지 않고, 앞 글자의 발음을 길게 말하는 것을 장음이라고 해요.

あ를 장음으로 발음하는 경우	'ㅏ, ㅑ' 모음의 글자 뒤에 あ가 오면 장음으로 발음해요. おか**あ**さん [오까-상] 어머니　お**ば**さん [오바-상] 할머니 じゃ**あ** [쟈-] 그럼
い를 장음으로 발음하는 경우	'ㅣ' 모음의 글자 뒤에 い가 오면 장음으로 발음해요. おに**い**さん [오니-상] 형, 오빠　お**じ**さん [오지-상] 할아버지 ち**い**さい [치-사이] 작다
う를 장음으로 발음하는 경우	'ㅜ, ㅠ' 모음의 글자 뒤에 う가 오면 장음으로 발음해요. す**う**がく [스-가꾸] 수학　く**う**き [쿠-끼] 공기 きゅ**う**り [큐-리] 오이
い·え를 장음으로 발음하는 경우	'ㅔ' 모음의 글자 뒤에 い, え가 오면 장음으로 발음해요. え**い**が [에-가] 영화　け**い**かく [케-카꾸] 계획 おね**え**さん [오네-상] 누나, 언니
う·お를 장음으로 발음하는 경우	'ㅗ, ㅛ' 모음의 글자 뒤에 う, お가 오면 장음으로 발음해요. おと**う**さん [오또-상] 아버지　こ**お**り [코-리] 얼음 きょ**う** [쿄-] 오늘
가타카나를 장음으로 발음하는 경우	가타카나의 장음은 'ー'로 표시해요. コ**ー**ラ [코-라] 콜라　コ**ー**ヒー [코-히-] 커피 ス**ー**パー [스-파-] 슈퍼

동사의 종류와 활용

☑ 동사의 종류

1) 1그룹 동사

일본어의 동사는 어미의 종류 등에 따라 1, 2, 3그룹으로 분류해요.

특징	- 어미가 る(루)가 아닌 모든 동사는 1그룹 동사에 속해요. - 어미가 る(루)인 동사 중 아래 2, 3그룹 동사의 특징에 해당하지 않는 동사는 모두 1그룹 동사예요.
예시	かう(카우) 사다 いく(이꾸) 가다

2) 2그룹 동사

특징	어미가 る(루)이면서, る(루) 앞의 모음이 우리말 '이, 에' 발음인 동사를 말해요.
예시	みる(미루) 보다 たべる(타베루) 먹다

3) 3그룹 동사

특징	3그룹 동사는 する(스루), くる(쿠루) 두 가지밖에 없어요.
예시	する(스루) 하다 くる(쿠루) 오다

☑ 동사의 활용   동사에 '~해요, ~했다…' 등의 의미를 추가하기 위해 어미를 바꾸는 것을 말해요.

1) 1그룹 동사
가장 기본적인 활용인 '~해요'라는 의미의 ます를 붙이는 방법을 알아봐요.

ます를 붙이는 방법	어미의 '우' 발음을 '이' 발음으로 바꾸고 ます(마스)를 붙여요.
예시	かう(카 우) 사다 → かいます(카 이 마 스) 사요 いく(이 꾸) 가다 → いきます(이 끼 마 스) 가요

2) 2그룹 동사

ます를 붙이는 방법	어미의 る(루)를 떼고 ます(마스)를 붙여요.
예시	みる(미 루) 보다 → みます(미 마 스) 봐요 たべる(타 베 루) 먹다 → たべます(타 베 마 스) 먹어요

3) 3그룹 동사

ます를 붙이는 방법	する(스 루)는 し(시), くる(쿠 루)는 き(키)로 바꾸고 ます(마스)를 붙여요.
예시	する(스 루) 하다 → します(시 마 스) 해요 くる(쿠 루) 오다 → きます(키 마 스) 와요

일본어도 역시, **해커스일본어**
japan.Hackers.com

1장

소개하고 설명하는 패턴

해커스 왕초보 일본어회화 10분의 기적
기초패턴으로 말하기

Day 01	한국인이에요. 소개하고 정의하는 です 패턴
Day 02	저는 선생님이에요. 문장의 대상을 가리키는 は 패턴
Day 03	등산이 취미예요. 문장의 대상을 특정하는 が 패턴
Day 04	유명한 카페예요. な형용사로 특징을 말하는 패턴
Day 05	이건 새로운 스마트폰이에요. い형용사로 특징을 말하는 패턴
Day 06	제가 갈 학교예요. 동사로 특징을 말하는 패턴
Day 07	두 사람은 형제예요? 단순한 정보를 물어보는 ですか 패턴
Day 08	생일은 언제예요? 구체적인 정보를 물어보는 의문사 패턴
Day 09	어제는 쉬는 날이었어요. 지난 일을 말하는 でした 패턴
Day 10	저건 저의 가방이에요. 누구의 것인지 말하는 の 패턴
Day 11	축제는 오늘이 아니에요. 아니라고 말하는 じゃないです 패턴
Day 12	그의 말은 거짓말이 아니었어요. 아니었다고 말하는 じゃなかったです 패턴

Day 01

소개하고 정의하는 です(데스) 패턴

MP3바로 듣기

한국인이에요.

캉 꼬 꾸 진 かんこくじん	+	데 스 です
한국인		이에요

かんこくじん 한국인

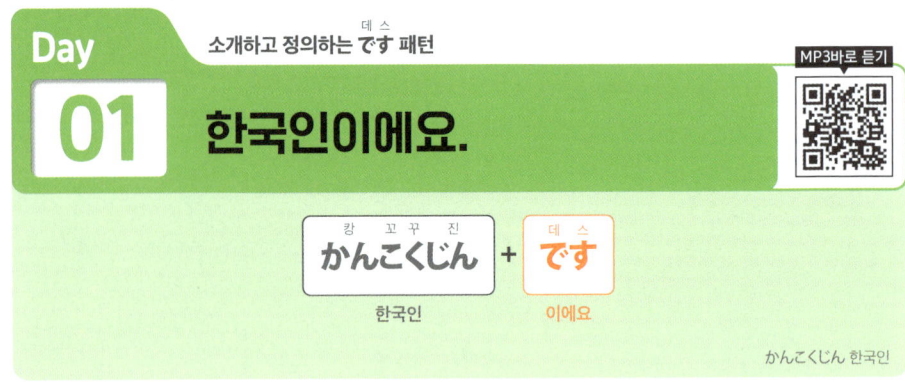

누군가를 소개하거나 무언가를 정의할 때 사용하는 패턴이에요. ～です(~이에요/예요) 앞에 소개하거나 정의하고 싶은 대상을 넣어 말해 보세요.

Step 1
패턴이 사용된 문장 따라 말해보기

카 이 샤 인 데 스
かいしゃいんです。
회사원이에요.

ん 뒤에 'ㄷ' 발음이 오면 'ㅇ' 받침이 아니라 'ㄴ' 받침으로 발음하는게 자연스러워요!

각 세 - 데 스
がくせいです。
학생이에요.

발음에 '-' 표시가 있는 경우 앞의 모음을 길게 늘여서 발음해요!

산 쥿 사 이 데 스
さんじゅっさいです。
서른 살이에요.

모 리 야 마 데 스
もりやまです。
모리야마예요.

모리야마 대신 내 이름을 넣어 말해보세요!

야 스 미 데 스
やすみです。
휴일이에요.

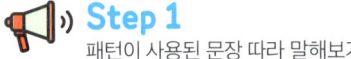

かいしゃいん 회사원 がくせい 학생 さんじゅっさい 서른 살 やすみ 휴일

Step 2
이번에는 우리말만 보고 패턴 사용해 문장 말해보기

| 한국인이에요. | 🎤 | かんこくじんです。 |

| 회사원이에요. | 🎤 |

| 학생이에요. | 🎤 |

| 서른 살이에요. | 🎤 |

| 모리야마예요. | 🎤 |

| 휴일이에요. | 🎤 |

Step 3
패턴이 들어간 실제 회화 따라 말해보기

🎬 드라마 <도망치는건 부끄럽지만 도움이 된다>에서
처음 만난 상대에게 나를 소개할 때

모리야마
　　　하 지 메 마 시 떼　　모 리 야 마 데 스
　　　はじめまして。もりやまです。
　　　처음 뵙겠습니다.　　　모리야마예요.

츠자키
　　　츠 자 키 데 스　　요 로 시 꾸 오 네 가 이 시 마 스
　　　つぎきです。よろしくおねがいします。
　　　츠자키예요.　　　잘 부탁드립니다.

Day 02

문장의 대상을 가리키는 は 패턴 (와)

저는 선생님이에요.

わたし(와따시) 저 + は(와) 는 + せんせいです(센세-데스) 선생님이에요

わたし 저, 나   せんせい 선생님

문장에서 중심이 되는 대상을 가리킬 때 사용하는 패턴이에요. は는 일반적으로 [하]라고 읽지만, '~은/는'이라는 뜻으로 쓰이면 [와]라고 발음해요. ～は(~은/는) 앞에 문장 속에서 중심이 되는 대상을 넣어서 말해 보세요.

 Step 1
패턴이 사용된 문장 따라 말해보기

かのじょは　デザイナーです。
(카노죠와)　(데자이나-데스)
그녀는　　　디자이너예요.

> かのじょ(카노죠)는 여자친구라는 의미로도 쓰여요!

きょうは　かようびです。
(쿄-와)　(카요-비데스)
오늘은　　화요일이에요.

これは　とけいです。
(코레와)　(토케-데스)
이것은　　시계예요.

ぎんこうは　こっちです。
(깅꼬-와)　(콛찌데스)
은행은　　　이쪽이에요.

> こ와 같은 か행 글자들이 문장의 중간이나 끝에 오면 'ㅋ'가 아니라 'ㄲ'으로 발음되기도 해요!

じっかは　プサンです。
(직까와)　(푸산데스)
본가는　　부산이에요.

かのじょ 그녀   デザイナー 디자이너   きょう 오늘   かようび 화요일   これ 이것   とけい 시계   ぎんこう 은행   こっち 이쪽   じっか 본가

Step 2
이번에는 우리말만 보고 패턴 사용해 문장 말해보기

| 저는 선생님이에요. | 🎤 わたしは せんせいです。 |

그녀는 디자이너예요. 🎤

오늘은 화요일이에요. 🎤

이것은 시계예요. 🎤

은행은 이쪽이에요. 🎤

본가는 부산이에요. 🎤

Step 3
패턴이 들어간 실제 회화 따라 말해보기

💬 생일을 맞이한 사람에게
선물인 시계를 가리킬 때

타나카
코 레 와   토 케 - 데 스
これは　とけいです。
이것은   시계예요.

스즈키
와 -   아 리 가 또 - 고 자 이 마 스
わあ、ありがとうございます。
와아,   감사합니다.

Day 03

문장의 대상을 특정하는 が 패턴

등산이 취미예요.

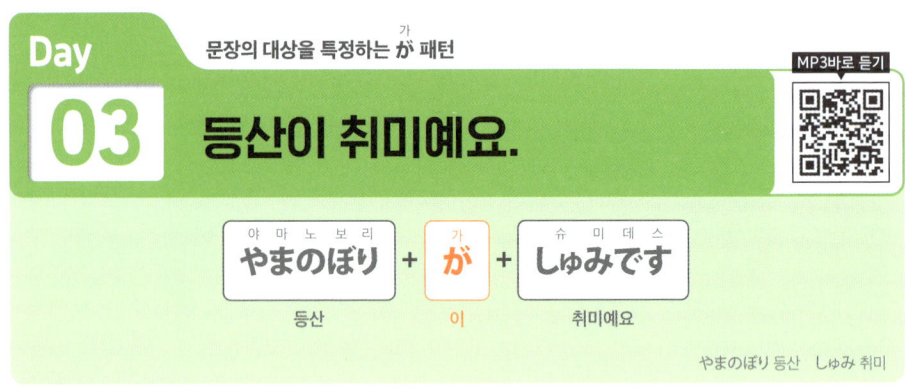

やまのぼり [아마노보리] + が [가] + しゅみです [슈미데스]
등산 + 이 + 취미예요

やまのぼり 등산   しゅみ 취미

어떤 대상을 특정할 때 사용하는 패턴이에요. ~が(~이/가) 앞에 특정하고 싶은 대상을 넣어 말해 보세요.

📢 Step 1
패턴이 사용된 문장 따라 말해보기

あそこが [아소꼬가] いりぐちです。[이리구찌데스]
저기가 입구예요.

> ち와 같은 た행 글자들이 문장의 중간이나 끝에 오면 'ㅊ, ㅌ'이 아니라 'ㅉ, ㄸ'으로 발음되기도 해요!

あしたが [아시따가] めんせつです。[멘세쯔데스]
내일이 면접이에요.

> ん 뒤에 'ㅅ' 발음이 오면 'ㅇ' 받침이 아니라 'ㄴ' 받침으로 발음하는게 자연스러워요!

わたしが [와따시가] たんとうです。[탄또-데스]
제가 담당이에요.

> ん 뒤에 'ㄹ' 발음이 오면 'ㅇ' 받침이 아니라 'ㄴ' 받침으로 발음하는게 자연스러워요!

いまが [이마가] チャンスです。[챤스데스]
지금이 기회예요.

ユーチューバーが [유-츄-바-가] ゆめです。[유메데스]
유튜버가 꿈이에요.

あそこ 저기　いりぐち 입구　あした 내일　めんせつ 면접　たんとう 담당　いま 지금　チャンス 기회　ユーチューバー 유튜버　ゆめ 꿈

Step 2
이번에는 우리말만 보고 패턴 사용해 문장 말해보기

등산이 취미예요. 🎤 やまのぼりが しゅみです。

저기가 입구예요. 🎤

내일이 면접이에요. 🎤

제가 담당이에요. 🎤

지금이 기회예요. 🎤

유튜버가 꿈이에요. 🎤

Step 3
패턴이 들어간 실제 회화 따라 말해보기

💬 취미에 대해 이야기중인 상대에게
내 취미가 등산이라고 특정할 때

스즈키
야 마 노 보 리 가   슈 미 데 스
やまのぼりが しゅみです。
등산이   취미예요.

타나카
소 - 데 스 까   와 따 시 와   바 도 민 톤 가   슈 미 데 스
そうですか。わたしは バドミントンが しゅみです。
그런가요?   저는   배드민턴이   취미예요.

バドミントン 배드민턴

Day 04

な형용사로 특징을 말하는 패턴

유명한 카페예요.

 + カフェです

유명한 / 카페예요

ゆうめいだ 유명하다 カフェ 카페

な형용사로 뒤 단어의 특징을 말하는 패턴이에요. な형용사는 어미가 だ로 끝나는 형용사인데 단어의 특징을 설명할 때는 だ를 な로 바꿔요. 단어 앞에 특징을 설명하는 な형용사를 넣어 말해 보세요.

 Step 1
패턴이 사용된 문장 따라 말해보기

키레-나 하나데스
きれいな　はなです。
예쁜　　　꽃이에요.

덴또-떼끼나 료-리데스
でんとうてきな　りょうりです。
전통적인　　　　요리예요.

토꾸베쯔나 이벤또데스
とくべつな　イベントです。
특별한　　　이벤트예요.

시즈까나 토꼬로데스
しずかな　ところです。
조용한　　곳이에요.

스떼끼나 야케-데스네
すてきな　やけいですね。
멋진　　　야경이네요.

> 공감을 유도하거나 부드럽게 말할 때 문장 끝에 ね(네)를 붙여요!

きれいだ 예쁘다　はな 꽃　でんとうてきだ 전통적이다　りょう 요리　とくべつだ 특별하다　イベント 이벤트　しずかだ 조용하다　ところ 곳　すてきだ 멋지다　やけい 야경

Step 2
이번에는 우리말만 보고 패턴 사용해 문장 말해보기

유명한 카페예요.　　　　　　**ゆうめいな** カフェです。

예쁜 꽃이에요.

전통적인 요리예요.

특별한 이벤트예요.

조용한 곳이에요.

멋진 야경이네요.

Step 3
패턴이 들어간 실제 회화 따라 말해보기

드라마 <나폴레옹의 마을>에서
음식의 특징을 말할 때

점원　　コ レ ワ　　 콩 카 이 와 시 데 스　　 덴 또 - 떼 키 나　　 료 - 리 데 스
　　　これは　こんかいわしです。でんとうてきな　りょうりです。
　　　이건　　콩카이와시예요.　　전통적인　요리입니다.

토가와　우 왓　 우 마 이
　　　うわっ、うまい！
　　　우와,　맛있어！

こんかいわし 콩카이와시(쌀겨에 절인 정어리 요리)　うまい 맛있다

Day 05

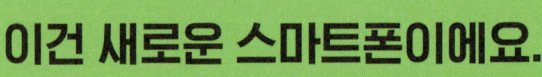
い형용사로 특징을 말하는 패턴

이건 새로운 스마트폰이에요.

MP3바로 듣기

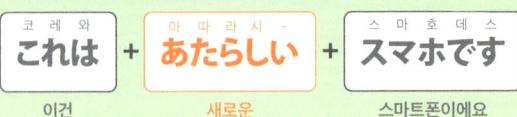

これは	+	あたらしい	+	スマホです
코레와		아따라시-		스마호데스
이건		새로운		스마트폰이에요

あたらしい 새롭다 スマホ 스마트폰

い형용사로 뒤 단어의 특징을 말하는 패턴이에요. 이때, い형용사는 어미가 い로 끝나는 형용사를 말해요. 단어 앞에 い형용사를 넣어 특징을 설명해 보세요.

🔊 Step 1
패턴이 사용된 문장 따라 말해보기

카노죠와 　 아까루이 　 세-까꾸데스
かのじょは　あかるい　せいかくです。
　그녀는　　　　밝은　　　　　성격이에요.

카레와 　 이- 　 히또데스
かれは　いい　ひとです。
　그는　　좋은　　사람이에요.

이마와 　 이소가시- 　 지끼데스요
いまは　いそがしい　じきですよ。
　지금은　　　바쁜　　　　　시기예요.

> 말을 강조할 때 문장 끝에 よ(요)를 붙여요!

코꼬와 　 후루이 　 오미세데스
ここは　ふるい　おみせです。
　여기는　　오래된　　　가게예요.

소레와 　 무즈까시- 　 몬다이데스
それは　むずかしい　もんだいです。
　그건　　　어려운　　　　문제예요.

あかるい 밝다　せいかく 성격　かれ 그　いい 좋다　ひと 사람　いそがしい 바쁘다　じき 시기　ここ 여기　ふるい 오래되다
おみせ 가게　それ 그것　むずかしい 어렵다　もんだい 문제

Step 2
이번에는 우리말만 보고 패턴 사용해 문장 말해보기

이건 새로운 스마트폰이에요.   これは あたらしい スマホです。

그녀는 밝은 성격이에요.

그는 좋은 사람이에요.

지금은 바쁜 시기예요.

여기는 오래된 가게예요.

그건 어려운 문제예요.

Step 3
패턴이 들어간 실제 회화 따라 말해보기

어떤 사람에 대해 궁금해하는 상대에게
그 사람의 특징을 말할 때

스즈키   ほんだ さん、 どう？
혼   다   상   도 -
      혼다 씨,   어때?

타나카   かれは いい ひとです。
카 레 와 이 - 히 또 데 스
      그는   좋은 사람이에요.

Day 06

동사로 특징을 말하는 패턴

제가 갈 학교예요.

| わたしが | + | いく | + | がっこうです |
| 제가 | | 갈 | | 학교예요 |

いく 가다 がっこう 학교

동사로 뒤 단어의 특징을 말하는 패턴이에요. 동사를 있는 그대로 명사 앞에 바로 붙이기만 하면 돼요. 사람이나 사물의 특징을 표현하고 싶을 때 단어 앞에 동사를 넣어 말해 보세요.

 Step 1
패턴이 사용된 문장 따라 말해보기

ここが おりる えきです。
여기가   내릴   역이에요.

うみが みえる まちです。
바다가 보이는 마을이에요.

りょうしんが ひっこす いえです。
부모님이   이사할   집이에요.

しんがっきが はじまる ひです。
새 학기가   시작되는 날이에요.

げいのうじんが かよう ジムです。
연예인이   다니는 헬스장이에요.

おりる 내리다 えき 역 うみ 바다 みえる 보이다 まち 마을 りょうしん 부모님 ひっこす 이사하다 いえ 집 しんがっき 새 학기
はじまる 시작되다 ひ 날 げいのうじん 연예인 かよう 다니다 ジム 헬스장

Step 2
이번에는 우리말만 보고 패턴 사용해 문장 말해보기

제가 **갈** 학교예요. 　🎤　わたしが **いく** がっこうです。

여기가 **내릴** 역이에요. 　🎤

바다가 **보이는** 마을이에요. 　🎤

부모님이 **이사할** 집이에요. 　🎤

새 학기가 **시작되는** 날이에요. 　🎤

연예인이 **다니는** 헬스장이에요. 　🎤

Step 3
패턴이 들어간 실제 회화 따라 말해보기

💬 고향을 궁금해하는 사람에게
고향의 특징을 말할 때

스즈키　**こきょうは　うみが　みえる　まちです。**
　　　　코 쿄 - 와　우 미 가　미 에 루　마 찌 데 스
　　　　고향은　　　바다가　　보이는　마을이에요.

타나카　**いい　ところですね。**
　　　　이 -　토 꼬 로 데 스 네
　　　　좋은　곳이네요.

こきょう 고향

Day 07

단순한 정보를 물어보는 ですか 패턴

두 사람은 형제예요?

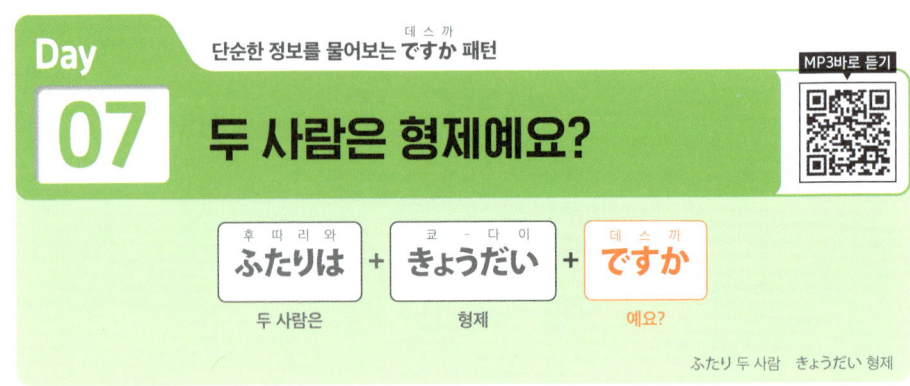

단순한 정보를 물어볼 때 사용하는 패턴이에요. ~ですか(~이에요/인가요?) 앞에 '예, 아니오'로 답할 수 있는 간단한 내용을 넣어 말해 보세요.

Step 1
패턴이 사용된 문장 따라 말해보기

카 레 와   니 혼 진 데 스 까
かれは　にほんじんですか。
그는　　　일본인이에요?

ん 뒤에 'ㅈ' 받침이 오면 'ㅇ' 받침이 아니라 'ㄴ' 받침으로 발음하는게 자연스러워요!

스 즈 끼 상 와   다 이 각 세 - 데 스 까
すずきさんは　だいがくせいですか。
스즈키 씨는　　　대학생이에요?

뉴 - 가 꾸 시 끼 와   후 쯔 까 데 스 까
にゅうがくしきは　2かですか。
입학식은　　　　　　2일인가요?

시 메 끼 리 와   아 시 따 데 스 까
しめきりは　あしたですか。
마감은　　　　내일인가요?

소 - 료 - 와   무 료 - 데 스 까
そうりょうは　むりょうですか。
배송비는　　　무료인가요?

にほんじん 일본인　だいがくせい 대학생　にゅうがくしき 입학식　しめきり 마감　そうりょう 배송비　むりょう 무료

Step 2
이번에는 우리말만 보고 패턴 사용해 문장 말해보기

| 두 사람은 형제예요? | ふたりは きょうだいですか。 |

그는 일본인이에요?

스즈키 씨는 대학생이에요?

입학식은 2일인가요?

마감은 내일인가요?

배송비는 무료인가요?

Step 3
패턴이 들어간 실제 회화 따라 말해보기

💬 업무로 바쁜 동료에게
업무에 대한 단순한 정보를 물어볼 때

타나카
시 메 끼리 와   아시 따 데 스 까
しめきりは あしたですか。
마감은   내일인가요?

스즈키
이 - 에   아 삿 떼 데 스
いいえ、あさってです。
아니요,   모레예요.

あさって 모레

Day 08 생일은 언제예요?

구체적인 정보를 물어보는 의문사 패턴

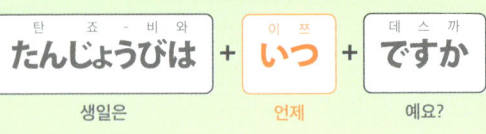

たんじょうびは	+	いつ	+	ですか
탄 죠 - 비 와		이 쯔		데 스 까
생일은		언제		예요?

たんじょうび 생일 いつ 언제

구체적인 정보를 물어볼 때 사용하는 패턴이에요. ~ですか(~이에요/인가요?) 앞에 의문사와 함께 구체적인 답변이 듣고 싶은 내용을 넣어 질문해 봐요.

Step 1
패턴이 사용된 문장 따라 말해보기

おなまえは なんですか。
오 나 마 에 와 난 데 스 까
이름은 뭐예요?

トイレは どこですか。
토 이 레 와 도 꼬 데 스 까
화장실은 어디예요?

たいちょうは どうですか。
타 이 쬬 - 와 도 - 데 스 까
컨디션은 어때요?

おしは だれですか。
오 시 와 다 레 데 스 까
최애는 누구예요?

> '가장 밀고 있는 멤버'라는 뜻의 いちおしのメンバー (이찌오시노 멤바-)를 줄여서 おし(오시)라고 불러요!

すいかは いくらですか。
스 이 까 와 이 꾸 라 데 스 까
수박은 얼마예요?

おなまえ 이름 なん 뭐, 무엇 トイレ 화장실 どこ 어디 たいちょう 컨디션 どう 어떠한, 어떻게 おし 최애 だれ 누구 すいか 수박 いくら 얼마

Step 2
이번에는 우리말만 보고 패턴 사용해 문장 말해보기

생일은 언제예요?　　　🎤　　たんじょうびは いつですか。

이름은 뭐예요?　　🎤

화장실은 어디예요?　　🎤

컨디션은 어때요?　　🎤

최애는 누구예요?　　🎤

수박은 얼마예요?　　🎤

Step 3
패턴이 들어간 실제 회화 따라 말해보기

💬 아이돌 그룹을 좋아한다는 상대에게
어떤 멤버를 좋아하는지 구체적으로 물어볼 때

타나카　　오 시 와　　다 레 데 스 까
　　　　おしは　だれですか。
　　　　최애는　　　누구예요?

스즈키　　리 - 다 -　　이 치 야 마 데 스
　　　　リーダー、いちやまです。
　　　　리더,　　　이치야마예요.

Day 09

지난 일을 말하는 でした_{데시따} 패턴

어제는 쉬는 날이었어요.

MP3바로 듣기

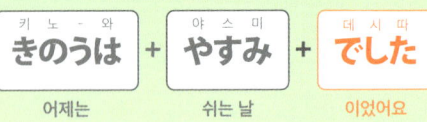

きのうは (어제는) + やすみ (쉬는 날) + でした (이었어요)

きのう 어제

이미 지난 일에 대해 말할 때 사용하는 패턴이에요. ~でした(~이었어요/였어요) 앞에 예전에 있었던 일을 넣어 말해 보세요.

 Step 1
패턴이 사용된 문장 따라 말해보기

_{오 히 루 와　　함 바 - 구 데시따}
おひるは　ハンバーグでした。
점심은　　　햄버그였어요.

> ン 뒤에 'ㅂ' 발음이 오면 'ㄴ' 받침이 아니라 'ㅁ' 받침으로 발음하는게 자연스러워요!

_{센 슈 - 와　　테 스 또 데시따}
せんしゅうは　テストでした。
지난주는　　　시험이었어요.

_{스 니 - 카 - 와　　우리끼레 데시따}
スニーカーは　うりきれでした。
스니커즈는　　　매진이었어요.

_{쿄 넹 와　　인 타 - 안 데시따}
きょねんは　インターンでした。
작년에는　　　인턴이었어요.

_{오 지 - 상 와　　케 - 사쯔 칸 데시따}
おじいさんは　けいさつかんでした。
할아버지는　　　경찰관이었어요.

おひる 점심　ハンバーグ 햄버그　せんしゅう 지난주　テスト 시험　スニーカー 스니커즈　うりきれ 매진　きょねん 작년　インターン 인턴　おじいさん 할아버지　けいさつかん 경찰관

Step 2
이번에는 우리말만 보고 패턴 사용해 문장 말해보기

| 어제는 쉬는 날이었어요. | きのうは やすみでした。 |

점심은 햄버그였어요.

지난주는 시험이었어요.

스니커즈는 매진이었어요.

작년에는 인턴이었어요.

할아버지는 경찰관이었어요.

Step 3
패턴이 들어간 실제 회화 따라 말해보기

근황을 물어보는 상대에게
지난주에 있었던 일을 말할 때

스즈키
　　　센　슈 - 와　　　 테 스 또 데 시 따
　　せんしゅうは テストでした。
　　　지난주는　　　　시험이었어요.

타나카
　　오 쯔 까 레 사 마 데 시 따
　　おつかれさまでした。
　　　수고하셨어요.

누구의 것인지 말하는 の 패턴

저건 저의 가방이에요.

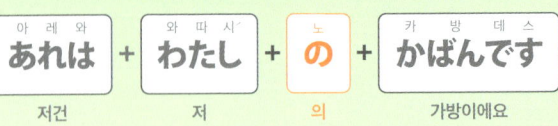

あれ	+	わたし	+	の	+	かばんです
저건		저		의		가방이에요

あれ 저것 かばん 가방

누구의 것인지 말할 때 사용하는 패턴이에요. ~の(~의) 앞에 물건의 주인이 누구인지 넣어서 말해 보세요.

 **Step 1**
패턴이 사용된 문장 따라 말해보기

これは　おばあさんの　ゆびわです。
이건　　할머니의　　　반지예요.

それは　あねの　ノートパソコンです。
그건　　언니의　　노트북이에요.

ミケは　いもうとの　ペットです。
미케는　여동생의　　반려동물이에요.

うたは　さくらさんの　とくぎです。
노래는　사쿠라 씨의　　특기예요.

カメラは　あにの　ものです。
카메라는　오빠의　물건이에요.

おばあさん 할머니　**ゆびわ** 반지　**あね** 언니, 누나　**ノートパソコン** 노트북　**いもうと** 여동생　**ペット** 반려동물　**うた** 노래
とくぎ 특기　**カメラ** 카메라　**あに** 오빠, 형　**もの** 물건

Step 2
이번에는 우리말만 보고 패턴 사용해 문장 말해보기

저건 저의 가방이에요.　　あれは わたしの かばんです。

이건 할머니의 반지예요.

그건 언니의 노트북이에요.

미케는 여동생의 반려동물이에요.

노래는 사쿠라 씨의 특기예요.

카메라는 오빠의 물건이에요.

Step 3
패턴이 들어간 실제 회화 따라 말해보기

내 물건을 분실물로 착각한 상대에게
그것은 내 것이라고 말할 때

스즈키　　あ　れ　　오 또 시 모 노 데 스 까
　　　　　あれ、おとしものですか。
　　　　　저거,　　　　분실물인가요?

타나카　　이 - 에　아 레 와　　와 따 시 노　　카 방 데 스
　　　　　いいえ、あれは わたしの かばんです。
　　　　　아뇨,　　저건　　　저의　　　가방이에요.

おとしもの 분실물

Day 11

아니라고 말하는 じゃないです 패턴

축제는 오늘이 아니에요.

まつりは + きょう + じゃないです
축제는   오늘   이 아니에요

まつり 축제

아니라고 말할 때 사용하는 패턴이에요. ~じゃないです(~이 아니에요) 앞에 실제와 다른 사실을 넣어 말해 보세요.

Step 1
패턴이 사용된 문장 따라 말해보기

これは かぜじゃないです。
이건   감기가 아니에요.

こたえは それじゃないです。
정답은   그게 아니에요.

あきやまさんは かれしじゃないです。
아키야마 씨는   남자친구가 아니에요.

ゆうびんきょくは こっちじゃないです。
우체국은   이쪽이 아니에요.

レジぶくろは ただじゃないです。
비닐봉지는   공짜가 아니에요.

かぜ 감기 こたえ 정답 かれし 남자친구 ゆうびんきょく 우체국 レジぶくろ 비닐봉지 ただ 공짜

Step 2
이번에는 우리말만 보고 패턴 사용해 문장 말해보기

축제는 오늘**이 아니에요**.　　まつりは きょうじゃないです。

이건 감기**가 아니에요**.

정답은 그게 **아니에요**.

아키야마 씨는 남자친구**가 아니에요**.

우체국은 이쪽**이 아니에요**.

비닐봉지는 공짜**가 아니에요**.

Step 3
패턴이 들어간 실제 회화 따라 말해보기

드라마 <사무라이 선생님>에서
감기가 아니라고 말할 때

코미야마　　カ ゼ カ
　　　　　かぜか？
　　　　　감기야?

사이키　　コ レ ワ　　カ ゼ ジャ ナ イ デ ス ヨ
　　　　これは　かぜじゃないですよ。
　　　　이건　　　감기가 아니에요.

Day 12

아니었다고 말하는 じゃなかったです 패턴
(쟈 나 깟 따 데스)

그의 말은 거짓말이 아니었어요.

かれの(카레노) + ことばは(코토바와) + うそ(우소) + じゃなかったです(쟈 나 깟 따 데스)
그의 / 말은 / 거짓말 / 이 아니었어요

ことば 말 うそ 거짓말

알고 있던 것이 사실이 아니었다고 말할 때 사용하는 패턴이에요. ~じゃなかったです(~이 아니었어요) 앞에 실제와 달랐던 일을 넣어 말해 보세요.

Step 1
패턴이 사용된 문장 따라 말해보기

카이기노 지깡와 이찌 쟈 나 깟 따 데스
かいぎの じかんは 1じじゃなかったです。
회의   시간은   1시가 아니었어요.

삭 끼노 뎅 와와   하하 쟈 나 깟 따 데스
さっきの でんわは ははじゃなかったです。
아까   전화는   어머니가 아니었어요.

코 - 노   텡 끼와   하레 쟈 나 깟 따 데스
きょうの てんきは はれじゃなかったです。
오늘   날씨는   맑지 않았어요.

> 일본에서는 '맑지 않다'를 はれじゃない (하레쟈나이) '맑음이 아니다'라고 표현해요!

케 사노   바스와   망 인 쟈 나 깟 따 데스
けさの   バスは   まんいんじゃなかったです。
오늘 아침의 버스는   만원이 아니었어요.

아레와   카노죠노   세이 쟈 나 깟 따 데스
あれは   かのじょの せいじゃなかったです。
그건   그녀의   탓이 아니었어요.

かいぎ 회의 じかん 시간 ~じ ~시 さっき 아까 でんわ 전화 はは 어머니 てんき 날씨 はれ 맑음 けさ 오늘 아침 まんいん 만원 せい 탓

Step 2
이번에는 우리말만 보고 패턴 사용해 문장 말해보기

그의 말은 거짓말이 아니었어요. 🎤 かれの ことばは うそじゃなかったです。

회의 시간은 1시가 아니었어요. 🎤

아까 전화는 어머니가 아니었어요. 🎤

오늘 날씨는 맑지 않았어요. 🎤

오늘 아침의 버스는 만원이 아니었어요. 🎤

그건 그녀의 탓이 아니었어요. 🎤

Step 3
패턴이 들어간 실제 회화 따라 말해보기

💬 회의가 어땠는지 묻는 사람에게
회의 시간이 1시가 아니었다고 말할 때

스즈키 　이찌지 노　카 이 기 와　도 - 데 시 따 까
　　　　1じの　かいぎは　どうでしたか。
　　　　　1시의　　회의는　　　어땠어요?

타나카 　카 이 기 노　지 깡 와　이찌지 쟈 나 깟 따 데 스
　　　　かいぎの　じかんは　1じじゃなかったです。
　　　　　회의　　　시간은　　　1시가 아니었어요.

일본어도 역시, **해커스일본어**
japan.Hackers.com

2장

상태와 느낌을
전하는 패턴

해커스 왕초보 일본어회화 10분의 기적
기초패턴으로 말하기

Day 13 도서관은 조용해요.
な형용사로 상태를 말하는 です 패턴

Day 14 월세가 저렴해요.
い형용사로 느낌을 말하는 です 패턴

Day 15 그는 명랑하고 싹싹해요.
な형용사로 두 가지 상태를 말하는 で 패턴

Day 16 맛있고 건강한 레시피예요.
い형용사로 두 가지 느낌을 말하는 くて 패턴

Day 17 인터넷이 너무 느려요.
나의 말을 강조하는 패턴

Day 18 지난주는 꽤 한가했어요.
な형용사로 과거의 상태를 떠올리는 でした 패턴

Day 19 면접은 조금 힘들었어요.
い형용사로 과거의 느낌을 떠올리는 かったです 패턴

Day 20 드라마가 원작보다 재미있었어요.
두 가지를 비교하는 より 패턴

Day 21 운동은 좋아하지 않아요.
な형용사로 다른 생각을 전하는 じゃないです 패턴

Day 22 올해는 그렇게 덥지 않아요.
い형용사로 다른 생각을 전하는 くないです 패턴

Day 23 가격도 비싸지 않아요.
추가로 설명하는 も 패턴

Day 24 점원은 친절하지 않았어요.
な형용사로 좋지 않았던 상태를 말하는 じゃなかったです 패턴

Day 25 컨디션도 좋지 않았어요.
い형용사로 좋지 않았던 느낌을 말하는 くなかったです 패턴

Day 13

な형용사로 상태를 말하는 です 패턴

도서관은 조용해요.

 + + です
도서관은   조용해   요

としょかん 도서관　しずかだ 조용하다

な형용사로 현재의 상태나 느낌, 감정을 말할 때 사용하는 패턴이에요. ～です(~해요) 앞에 상태를 나타내는 な형용사를 넣어 말해 보세요. 이때, 단어 끝의 だ를 떼고 사용해요!

Step 1
패턴이 사용된 문장 따라 말해보기

きむらさんは　まじめです。
기무라 씨는　　성실해요.

そとは　まっくらです。
밖은　　깜깜해요.

かのじょは　まえむきです。
그녀는　　긍정적이에요.

ざいりょうは　じゅうぶんです。
재료는　　충분해요.

バスケットは　すきです。
농구는　　좋아해요.

まじめだ 성실하다　そと 밖　まっくらだ 깜깜하다　まえむきだ 긍정적이다　ざいりょう 재료　じゅうぶんだ 충분하다
すきだ 좋아하다

Step 2
이번에는 우리말만 보고 패턴 사용해 문장 말해보기

도서관은 조용해요.　　　　としょかんは しずかです。

기무라 씨는 성실해요.

밖은 깜깜해요.

그녀는 긍정적이에요.

재료는 충분해요.

농구는 좋아해요.

Step 3
패턴이 들어간 실제 회화 따라 말해보기

애니메이션 <슬램덩크>에서
농구를 좋아하는 상태라고 말할 때

아카기　　バスケットは すきですか。
　　　　바스켇또와　스키데스까
　　　　농구는　　　좋아해요?

사쿠라기　だいすきです。
　　　　다이스키데스
　　　　정말 좋아해요.

だいすきだ 정말 좋아하다

Day 14

い형용사로 느낌을 말하는 です 패턴

월세가 저렴해요.

やちん 월세   やすい 저렴하다, 싸다

い형용사로 느낌이나 감정, 상태를 말할 때 사용하는 패턴이에요. ~です(~해요) 앞에 내 느낌을 나타내는 い형용사를 넣어 말해 보세요.

 Step 1
패턴이 사용된 문장 따라 말해보기

미 즈 가   누 루 이 데 스
みずが　ぬるいです。
물이   미지근해요.

사 꾸 힝 가   스 바 라 시 - 데 스
さくひんが　すばらしいです。
작품이   멋져요.

륙 꾸 가   오 모 이 데 스
リュックが　おもいです。
백팩이   무거워요.

이 로 아 이 가   아 따 따 카 이 데 스
いろあいが　あたたかいです。
색조가   따뜻해요.

야 루 키 가   나 이 데 스
やるきが　ないです。
의욕이   없어요.

みず 물　ぬるい 미지근하다　さくひん 작품　すばらしい 멋지다　リュック 백팩　おもい 무겁다　いろあい 색조
あたたかい 따뜻하다　やるき 의욕　ない 없다

Step 2
이번에는 우리말만 보고 패턴 사용해 문장 말해보기

| 월세가 저렴해요. | やちんが　やすいです。 |

물이 미지근해요.

작품이 멋져요.

백팩이 무거워요.

색조가 따뜻해요.

의욕이 없어요.

Step 3
패턴이 들어간 실제 회화 따라 말해보기

드라마 <어서 오세요 우리 집에>에서
작품에 대한 느낌을 말할 때

하토
시 모 무 라 상 노　　사 꾸 힝 가　　스 바 라 시 - 데 스 네
しもむらさんの　さくひんが　すばらしいですね。
시모무라 씨의　　　작품이　　　　　　멋지네요.

시모무라
아 리 가 또 - 고 자 이 마 스
ありがとうございます。
감사합니다.

Day 15

な형용사로 두 가지 상태를 말하는 で 패턴

그는 명랑하고 싹싹해요.

ようきだ 명랑하다   きさくだ 싹싹하다

な형용사로 두 가지 상태, 특징을 말할 때 사용하는 패턴이에요. ~で(~하고) 앞에 첫 번째 내용, 뒤에 두 번째 내용을 넣어 말해 보세요. 이때, な형용사 단어 끝의 だ를 떼고 사용해요!

 Step 1
패턴이 사용된 문장 따라 말해보기

へやは　せいけつで　ひろいです。
방은　　깨끗하고　　넓어요.

あじが　さっぱりで　おいしいです。
맛이　　담백하고　　맛있어요.

は와 같은 は행 글자들이 문장의 중간이나 끝에 오면 'ㅎ'가 아니라 'ㅂ'으로 발음되기도 해요!

せつめいが　きれいで　くわしいです。
설명이　　　깔끔하고　자세해요.

おとうとは　しずかで　おとなしいです。
남동생은　　조용하고　어른스러워요.

かっぱつで　じゆうな　ひとです。
활발하고　　자유로운　사람이에요.

へや 방　せいけつだ 깨끗하다　ひろい 넓다　あじ 맛　さっぱりだ 담백하다　おいしい 맛있다　せつめい 설명　きれいだ 깔끔하다
くわしい 자세하다　おとうと 남동생　おとなしい 어른스럽다　かっぱつだ 활발하다　じゆうだ 자유롭다

Step 2
이번에는 우리말만 보고 패턴 사용해 문장 말해보기

| 그는 명랑하고 싹싹해요. | かれは ようきで きさくです。 |

방은 깨끗하고 넓어요.

맛이 담백하고 맛있어요.

설명이 깔끔하고 자세해요.

남동생은 조용하고 어른스러워요.

활발하고 자유로운 사람이에요.

Step 3
패턴이 들어간 실제 회화 따라 말해보기

영화 <나미야 잡화점의 기적>에서
어떤 사람의 두 가지 특징을 말할 때

무토
돈 나　카 따 데 시 따 까
どんな かたでしたか。
어떤　　　분이었나요?

미나즈키
캅 빠 쯔 데　지 유 - 나　코 코 로 노　히 또 데 시 따
かっぱつで じゆうな こころの ひとでした。
활발하고　자유로운　마음을 가진　사람이었어요.

どんな 어떤　かた 분　こころ 마음

Day 16

い형용사로 두 가지 느낌을 말하는 くて패턴

맛있고 건강한 레시피예요.

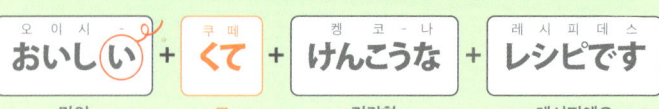

い형용사로 두 가지 느낌, 특징을 말할 때 사용하는 패턴이에요. ~くて(~하고) 앞에 첫 번째 내용, 뒤에 두 번째 내용을 넣어 말해 보세요. 이때, 앞의 い형용사 단어는 끝의 い를 떼고 사용해요!

けんこうだ 건강하다

Step 1

패턴이 사용된 문장 따라 말해보기

あお**くて**　うつくしい　みずうみです。
파랗**고**　아름다운　호수예요.

あま**くて**　やわらかな　スイーツです。
달**고**　부드러운　디저트예요.

かる**くて**　じょうぶな　かさです。
가볍**고**　튼튼한　우산이에요.

かしこ**くて**　げんきな　こです。
똑똑하**고**　활발한　아이예요.

おもしろ**くて**　かんどうてきな　はなしです。
재미있**고**　감동적인　이야기예요.

あおい 파랗다　うつくしい 아름답다　みずうみ 호수　あまい 달다　やわらかだ 부드럽다　かるい 가볍다　じょうぶだ 튼튼하다
かさ 우산　かしこい 똑똑하다　げんきだ 활발하다　こ 아이　おもしろい 재미있다　かんどうてきだ 감동적이다

Step 2
이번에는 우리말만 보고 패턴 사용해 문장 말해보기

맛있고 건강한 레시피예요. → おいしくて けんこうな レシピです。

파랗고 아름다운 호수예요.

달고 부드러운 디저트예요.

가볍고 튼튼한 우산이에요.

똑똑하고 활발한 아이예요.

재미있고 감동적인 이야기예요.

Step 3
패턴이 들어간 실제 회화 따라 말해보기

함께 여행 중인 친구에게
호수의 두 가지 느낌에 대해 말할 때

스즈키: あおくて うつくしい みずうみですね。
아오쿠떼 / 우쯔쿠시- / 미즈우미데스네
파랗고 / 아름다운 / 호수예요.

타나카: そうですね。 いいですね。
소-데스네 / 이-데스네
그러네요. / 좋네요.

いい 좋다

Day 17

나의 말을 강조하는 패턴

인터넷이 너무 느려요.

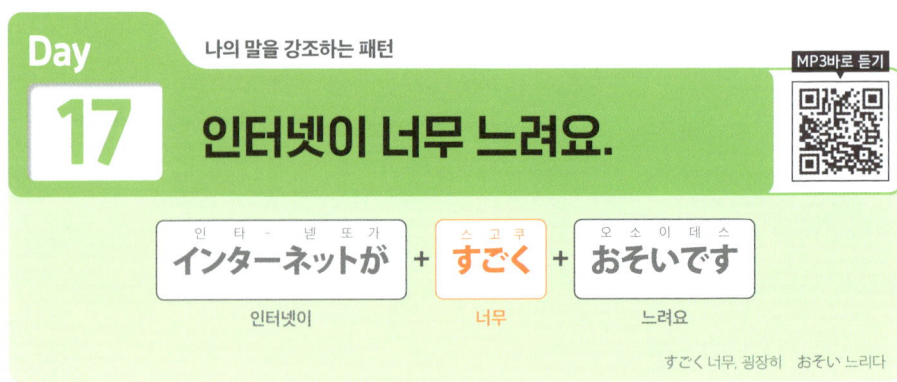

나의 말을 강조하는 패턴이에요. 힘주어 말하고 싶은 내용 앞에 꾸며주는 말을 넣어 말해 보세요.

Step 1
패턴이 사용된 문장 따라 말해보기

하 나 가　토 떼 모　키 레 - 데 스
はなが　とても　きれいです。
꽃이　매우　예뻐요.

쿠 다 모 노 가　혼 또 - 니　야 스 이 데 스
くだものが　ほんとうに　やすいです。
과일이　정말　싸요.

코 레 가　이 찌 방　오 이 시 - 데 스
これが　いちばん　おいしいです。
이게　가장　맛있어요.

지 쯔 부 쯔 가　즛 또　카 와 이 - 데 스
じつぶつが　ずっと　かわいいです。
실물이　훨씬　귀여워요.

스 미 고 꼬 찌 가　스 고 쿠　이 - 데 스
すみごこちが　すごく　いいです。
살기에　너무　좋아요.

> 일본에서는 '살기에 좋다'를 **すみごこちがいい** (스미고꼬찌가 이이) '거주감이 좋다'라고 표현해요!

はな 꽃　とても 매우, 너무　きれいだ 예쁘다　くだもの 과일　ほんとうに 정말, 정말로　いちばん 가장　じつぶつ 실물　ずっと 훨씬　かわいい 귀엽다　すみごこち 살기, 거주감

Step 2
이번에는 우리말만 보고 패턴 사용해 문장 말해보기

| 인터넷이 너무 느려요. | 🎤 | インターネットが すごく おそいです。 |

꽃이 매우 예뻐요. 🎤

과일이 정말 싸요. 🎤

이게 가장 맛있어요. 🎤

실물이 훨씬 귀여워요. 🎤

살기에 너무 좋아요. 🎤

Step 3
패턴이 들어간 실제 회화 따라 말해보기

🎬 애니메이션 <푸른 상자>에서
이사한 집의 좋은 점을 강조해서 말할 때

카노
도 - 데 스 까   스 미 고 꼬 찌 와
どうですか？ すみごこちは。
어때요?   거주감은.

이노마타
스 미 고 꼬 찌 가   스 고 쿠   이 - 데 스
すみごこちが すごく いいです。
살기에   너무   좋아요.

Day 18

な형용사로 과거의 상태를 떠올리는 でした 패턴

지난주는 꽤 한가했어요.

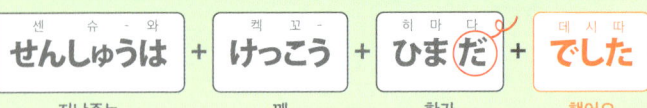

せんしゅうは + けっこう + ひまだ + でした
지난주는   꽤   한가   했어요

せんしゅう 지난주 けっこう 꽤 ひまだ 한가하다

な형용사로 과거의 상태나 기억을 떠올릴 때 사용하는 패턴이에요. ~でした(~했어요) 앞에 예전에 있었던 일에 대한 내용을 넣어 말해 보세요. 이때, な형용사 단어 끝의 だ를 떼고 사용해요!

Step 1
패턴이 사용된 문장 따라 말해보기

おすしは　もちろん　さいこうでした。
스시는　　물론　　　최고였어요.

ほんやは　かなり　にぎやかでした。
서점은　　꽤　　　붐볐어요.

しゅるいは　ほんとうに　ほうふでした。
종류는　　　정말　　　　다양했어요.

しごとは　ひじょうに　たいへんでした。
일은　　　매우　　　　힘들었어요.

あまのがわは　とても　みごとでした。
은하수는　　　아주　　훌륭했어요.

もちろん 물론 さいこうだ 최고다 ほんや 서점 かなり 꽤 にぎやかだ 붐비다 しゅるい 종류 ほうふだ 다양하다 しごと 일 ひじょうに 매우 たいへんだ 힘들다 あまのがわ 은하수 みごとだ 훌륭하다

Step 2

이번에는 우리말만 보고 패턴 사용해 문장 말해보기

지난주는 꽤 한가했어요. 🎤 せんしゅうは けっこう ひまでした。

스시는 물론 최고였어요. 🎤

서점은 꽤 붐볐어요. 🎤

종류는 정말 다양했어요. 🎤

일은 매우 힘들었어요. 🎤

은하수는 아주 훌륭했어요. 🎤

Step 3

패턴이 들어간 실제 회화 따라 말해보기

> 지난주가 어땠는지 묻는 사람에게
> **지난주는 한가했다고 떠올릴 때**

타나카　　**せんしゅうは　どうでしたか。**
센 슈 - 와　도 - 데 시 따 까
지난주는　　어땠어요?

스즈키　　**せんしゅうは　けっこう　ひまでした。**
센 슈 - 와　켁 꼬 -　히 마 데 시 따
지난주는　꽤　한가했어요.

Day 19

면접은 조금 힘들었어요.

い형용사로 과거의 느낌을 떠올리는 かったです 패턴

めんせつは + ちょっと + きつい + かったです
면접은   조금   힘들   었어요

めんせつ 면접　ちょっと 조금　きつい 힘들다

い형용사로 과거의 느낌이나 기억을 떠올릴 때 사용하는 패턴이에요. 〜かったです(~했어요) 앞에 예전에 느꼈던 내용을 넣어 말해 보세요. 이때, い형용사 단어 끝의 い를 떼고 사용해요!

Step 1
패턴이 사용된 문장 따라 말해보기

ブレスレットは　そうとう　たかかったです。
팔찌는　　　　　　상당히　　　　비쌌어요.

ラーメンは　すこし　しょっぱかったです。
라멘은　　　　조금　　　짰어요.

コンサートは　やはり　よかったです。
콘서트는　　　　역시　　좋았어요.

けがは　とても　いたかったです。
상처는　너무　　아팠어요.

なかは　すごく　あつかったです。
안은　　굉장히　더웠어요.

ブレスレット 팔찌　そうとう 상당히　たかい 비싸다　すこし 조금　しょっぱい 짜다　やはり 역시　よい 좋다　けが 상처
いたい 아프다　なか 안　あつい 덥다

Step 2
이번에는 우리말만 보고 패턴 사용해 문장 말해보기

면접은 조금 힘들었어요.　　　めんせつは ちょっと きつかったです。

팔찌는 상당히 비쌌어요.

라멘은 조금 짰어요.

콘서트는 역시 좋았어요.

상처는 너무 아팠어요.

안은 굉장히 더웠어요.

Step 3
패턴이 들어간 실제 회화 따라 말해보기

💬 면접이 끝나고 만난 친구에게
면접이 어땠는지 떠올려 말할 때

스즈키　　코 - 노　　멘 세 쯔 와　　 춋 또　　 키 쯔 깟 따 데 스
　　　　きょうの　めんせつは　ちょっと　きつかったです。
　　　　오늘　　　면접은　　　조금　　　힘들었어요.

타나카　　멘 세 쯔　　오 쯔 까 레 사 마 데 스
　　　　めんせつ　おつかれさまです。
　　　　면접　　　수고했어요.

Day 20

두 가지를 비교하는 **より** 패턴

ドラマが 原作より おもしろかったです。

ドラマが	+	げんさく	+	より	+	おもしろかったです
드라마가		원작		보다		재미있었어요

げんさく 원작   おもしろい 재미있다

두 대상의 차이를 비교할 때 사용하는 패턴이에요. ~より(~보다) 앞에 비교 대상을 넣어 말해 보세요.

📢 Step 1
패턴이 사용된 문장 따라 말해보기

しんかんせんが ひこうきより べんりでした。
신칸센이   비행기보다   편했어요.

> ん 뒤에 'ら' 발음이 오면 'ㅇ' 받침이 아니라 'ㄴ' 받침으로 발음하는게 자연스러워요!

ひっこしが よそうより たいへんでした。
이사가   예상보다   힘들었어요.

かれは だれより せっきょくてきでした。
그는   누구보다   적극적이었어요.

きゃくが いつもより すくなかったです。
손님이   평소보다   적었어요.

リビングが しゃしんより せまかったです。
거실이   사진보다   좁았어요.

しんかんせん 신칸센 ひこうき 비행기 べんりだ 편리하다 ひっこし 이사 よそう 예상 たいへんだ 힘들다
せっきょくてきだ 적극적이다 きゃく 손님 いつも 평소 すくない 적다 リビング 거실 しゃしん 사진 せまい 좁다

Step 2
이번에는 우리말만 보고 패턴 사용해 문장 말해보기

드라마가 원작보다 재미있었어요. → ドラマが げんさくより おもしろかったです。

신칸센이 비행기보다 편했어요.

이사가 예상보다 힘들었어요.

그는 누구보다 적극적이었어요.

손님이 평소보다 적었어요.

거실이 사진보다 좁았어요.

Step 3
패턴이 들어간 실제 회화 따라 말해보기

인기 드라마를 궁금해하는 사람에게
원작과의 차이를 비교할 때

스즈키: さいきん この ドラマが にんきですね。
(사이킹) (코노) (도라마가) (닝끼데스네)
요즘 이 드라마가 인기네요.

타나카: あ、それ ドラマが げんさくより おもしろかったです。
(아) (소레) (도라마가) (겐사꾸요리) (오모시로깟따데스)
아, 그거 드라마가 원작보다 재미있었어요.

さいきん 요즘, 최근   にんき 인기

Day 21

な형용사로 다른 생각을 전하는 じゃないです 패턴

운동은 좋아하지 않아요.

うんどうは + すき(だ) + じゃないです
운동은   좋아하   지 않아요

うんどう 운동

な형용사로 상대와는 다른 생각 또는 실제와 다른 내용을 말할 때 사용하는 패턴이에요. ～じゃないです(~지 않아요) 앞에 な형용사를 넣어 말해 보세요. 단, 이때 な형용사 끝의 だ를 떼고 사용해요!

Step 1
패턴이 사용된 문장 따라 말해보기

けいかくが　げんじつてきじゃないです。
계획이　　　현실적이지 않아요.

かれは　しんけんじゃないです。
그는　　진지하지 않아요.

みためは　じゅうようじゃないです。
겉모습은　중요하지 않아요.

どりょくは　むだじゃないです。
노력은　　　쓸데없지 않아요.

じどりは　とくいじゃないです。
셀카는　　잘 못 찍어요.

けいかく 계획 げんじつてきだ 현실적이다 しんけんだ 진지하다 みため 겉모습, 보기 じゅうようだ 중요하다 どりょく 노력
むだだ 쓸데없다 じどり 셀카 とくいだ 잘하다

Step 2
이번에는 우리말만 보고 패턴 사용해 문장 말해보기

운동은 좋아하지 않아요.　→　うんどうは すきじゃないです。

계획이 현실적이지 않아요.

그는 진지하지 않아요.

겉모습은 중요하지 않아요.

노력은 쓸데없지 않아요.

셀카는 잘 못 찍어요.

Step 3
패턴이 들어간 실제 회화 따라 말해보기

여행 계획에 대해 의견을 묻는 사람에게
현실적이지 않다고 다른 생각을 전할 때

타나카
코노　케-카꾸　도-데스까
この けいかく、どうですか。
이　　계획,　　어때요?

스즈키
웅　　케-카꾸가　　춋또　겐지쯔테끼 쟈나이데스
うん、けいかくが ちょっと げんじつてきじゃないです。
음,　계획이　　조금　　현실적이지 않아요.

Day 22

い형용사로 다른 생각을 전하는 くないです 패턴

올해는 그렇게 덥지 않아요.

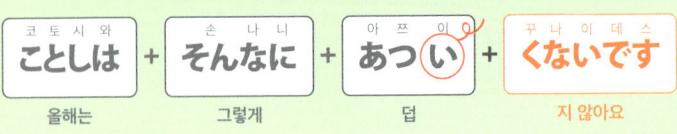

ことしは	+	そんなに	+	あつ(い)	+	くないです
올해는		그렇게		덥		지 않아요

ことし 올해   そんなに 그렇게

い형용사로 상대와는 다른 생각 또는 실제와 다른 내용을 말할 때 사용하는 패턴이에요. ~くないです(~하지 않아요) 앞에 い형용사를 넣어 말해 보세요. 단, 이때 い형용사 끝의 い를 떼고 사용해요!

 Step 1
패턴이 사용된 문장 따라 말해보기

ウクレレは あまり むずかしくないです。
우쿨렐레는   별로   어렵지 않아요.

スタイルは ぜんぜん ださくないです。
스타일은   전혀   촌스럽지 않아요.

さいきんは まえより いそがしくないです。
요즘은   예전보다   바쁘지 않아요.

かれの じょうだんは まったく おもしろくないです。
그의 농담은   전혀   재미있지 않아요.

この ソースは みためより からくないです。
이 소스는   보기보다   맵지 않아요.

ウクレレ 우쿨렐레   あまり 별로   むずかしい 어렵다   スタイル 스타일   ぜんぜん 전혀   ださい 촌스럽다   まえ 예전
いそがしい 바쁘다   じょうだん 농담   まったく 전혀   からい 맵다

Step 2
이번에는 우리말만 보고 패턴 사용해 문장 말해보기

| 올해는 그렇게 덥**지 않아요**. | 🎤 | ことしは そんなに あつくないです。 |

| 우쿨렐레는 별로 어렵**지 않아요**. | 🎤 |

| 스타일은 전혀 촌스럽**지 않아요**. | 🎤 |

| 요즘은 예전보다 바쁘**지 않아요**. | 🎤 |

| 그의 농담은 전혀 재미있**지 않아요**. | 🎤 |

| 이 소스는 보기보다 맵**지 않아요**. | 🎤 |

Step 3
패턴이 들어간 실제 회화 따라 말해보기

💬 그가 재밌다고 말하는 상대에게
그렇지 않다고 다른 생각을 전할 때

타나카
카 레 오 모 시 로 이 데 스 요 네
かれ、おもしろいですよね。
그,   재미있지요.

스즈키
소 - 데 스 까 카 레 노 죠 - 당 와 맏 따쿠 오모시로꾸 나 이 데 스
そうですか。かれの じょうだんは まったく おもしろくないです。
그런가요? 그의 농담은 전혀 재미있**지 않아요**.

Day 23

추가로 설명하는 も 패턴

가격도 비싸지 않아요.

ねだん + も + たかくないです
가격   도   비싸지 않아요

ねだん 가격

앞서 말한 것에 이어서 특징을 추가로 설명할 때 사용하는 패턴이에요. 〜も(~도) 앞에 대상의 추가적인 특징을 넣어 말해 보세요.

Step 1
패턴이 사용된 문장 따라 말해보기

신쬬-모   히쿠꾸나이데스
しんちょうも　ひくくないです。
키도　　　　　작지 않아요.

키노-모   벵리쟈나이데스
きのうも　べんりじゃないです。
기능도　　　편리하지 않아요.

쿄리모   토-꾸나이데스
きょりも　とおくないです。
거리도　　멀지 않아요.

스타이루모   와루꾸나이데스
スタイルも　わるくないです。
스타일도　　　나쁘지 않아요.

케-카꾸모   구타이테끼쟈나이데스
けいかくも　ぐたいてきじゃないです。
계획도　　　구체적이지 않아요.

しんちょう 키　ひくい (키가) 작다　きのう 기능　きょり 거리　とおい 멀다　スタイル 스타일　わるい 나쁘다
ぐたいてきだ 구체적이다

Step 2
이번에는 우리말만 보고 패턴 사용해 문장 말해보기

| 가격도 비싸지 않아요. | 🎤 | ねだん**も** たかくないです。 |

키도 작지 않아요.

기능도 편리하지 않아요

거리도 멀지 않아요.

스타일도 나쁘지 않아요.

계획도 구체적이지 않아요.

Step 3
패턴이 들어간 실제 회화 따라 말해보기

💬 옷이 귀엽다고 말하는 친구에게
동의하면서 추가로 괜찮은 특징을 하나 더 설명할 때

스즈키
코 노   후꾸   카 와 이 - 데 스 네
この ふく かわいいですね。
이   옷   귀엽네요.

타나카
소 - 데 스 네   네 당 **모**   타 까꾸 나 이 데 스
そうですね。 ねだん も たかくないです。
그렇네요.   가격**도**   비싸지 않아요.

ふく 옷

Day 24

な형용사로 좋지 않았던 상태를 말하는 じゃなかったです 패턴
_{자 나 깟 따 데스}

점원은 친절하지 않았어요.

MP3바로 듣기

_{텡 잉 와} **てんいんは** + _{신 세쯔 다} **しんせつだ** + _{자 나 깟 따 데스} **じゃなかったです**
점원은　　　　　　친절하　　　　　　지 않았어요

てんいん 점원　しんせつだ 친절하다

좋지 않았던 상태, 느낌이나 실제와 달랐던 내용을 말할 때 사용하는 패턴이에요. ~じゃなかったです(~하지 않았어요) 앞에 느낌이나 생각을 표현하는 な형용사를 넣어 말해 보세요. 이때, な형용사 끝의 だ를 떼고 사용해요!

 Step 1
패턴이 사용된 문장 따라 말해보기

_{츄ー몽 가　　　칸 탄　자 나 깟 따 데스}
ちゅうもんが　かんたんじゃなかったです。
주문이　　　　간단하지 않았어요.

_{캬 라 가　　　미 료쿠떼끼 자 나 깟 따 데스}
キャラが　みりょくてきじゃなかったです。
캐릭터가　　　매력적이지 않았어요.

_{로ー까 와　　　시 즈 까　자 나 깟 따 데스}
ろうかは　しずかじゃなかったです。
복도는　　　　조용하지 않았어요.

_{포ー즈 가　　　시 젠　　자 나 깟 따 데스}
ポーズが　しぜんじゃなかったです。
포즈가　　　　자연스럽지 않았어요.

_{시키죠ー와　　　오 샤 레　자 나 깟 따 데스}
しきじょうは　おしゃれじゃなかったです。
식장은　　　　　멋지지 않았어요.

ちゅうもん 주문　かんたんだ 간단하다　キャラ 캐릭터　みりょくてきだ 매력적이다　ろうか 복도　しぜんだ 자연스럽다
しきじょう 식장　おしゃれだ 멋지다

Step 2
이번에는 우리말만 보고 패턴 사용해 문장 말해보기

| 점원은 친절하지 않았어요. | てんいんは しんせつじゃなかったです。 |

주문이 간단하지 않았어요.

캐릭터가 매력적이지 않았어요.

복도는 조용하지 않았어요.

포즈가 자연스럽지 않았어요.

식장은 멋지지 않았어요.

Step 3
패턴이 들어간 실제 회화 따라 말해보기

다녀온 가게가 어땠냐고 묻는 친구에게
가게에 대한 좋지 않았던 상태를 말할 때

타나카
텡   잉 와   신 세쯔 쟈 나 깟 따데스
てんいんは しんせつじゃなかったです。
점원은   친절하지 않았어요.

스즈키
소 레 와   잔   넨 데 스 네
それは ざんねんですね。
그건   아쉽네요.

ざんねんだ 아쉽다

Day 25

컨디션도 좋지 않았어요.

い형용사로 좋지 않았던 느낌을 말하는 くなかったです 패턴

たいちょうも	+	よ(い)	+	くなかったです
컨디션도		좋		지 않았어요

たいちょう 컨디션

좋지 않았던 느낌이나 실제와 달랐던 내용을 말할 때 사용하는 패턴이에요. ~くなかったです(~하지 않았어요) 앞에 느낌이나 생각을 표현하는 い형용사를 넣어 말해 보세요. 이때, い형용사 끝의 い를 떼고 사용해요!

 Step 1
패턴이 사용된 문장 따라 말해보기

スープが こくなかったです。
국물이 　진하지 않았어요.

サービスも よくなかったです。
서비스도 　좋지 않았어요.

まんざいが おもしろくなかったです。
만담이 　　재미있지 않았어요.

せつめいが くわしくなかったです。
설명이 　　자세하지 않았어요.

クーラーが すずしくなかったです。
에어컨이 　시원하지 않았어요.

こい 진하다　まんざい 만담　クーラー 에어컨　すずしい 시원하다

Step 2
이번에는 우리말만 보고 패턴 사용해 문장 말해보기

컨디션도 좋지 않았어요. 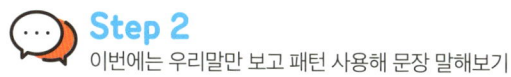 たいちょうも よくなかったです。

국물이 진하지 않았어요.

서비스도 좋지 않았어요.

만담이 재미있지 않았어요.

설명이 자세하지 않았어요.

에어컨이 시원하지 않았어요.

Step 3
패턴이 들어간 실제 회화 따라 말해보기

 음식이 어땠는지 묻는 사람에게
맛에 대한 좋지 않았던 느낌을 말할 때

스즈키 　あそこの　ラーメンは　どうでしたか。
　　　　아소코노　　라-멩와　　　도-데시따까
　　　　거기　　　　라멘은　　　　어땠어요?

타나카 　スープが　こくなかったです。
　　　　스-푸가　　코꾸나 깓 따데스
　　　　국물이　　　진하지 않았어요.

일본어도 역시, **해커스일본어**
japan.Hackers.com

3장

행동과
상태의 변화를
말하는 패턴

해커스 왕초보 일본어회화 10분의 기적
기초패턴으로 말하기

Day 26	**부탁이 있어요.** 1그룹 동사로 상태를 말하는 ます 패턴
Day 27	**여기는 후지산이 보여요.** 2그룹 동사로 상태를 말하는 ます 패턴
Day 28	**곧 전철이 와요.** 3그룹 동사로 상태를 말하는 ます 패턴
Day 29	**저녁은 전골을 만들어요.** 무엇을 하는지 말하는 を 패턴
Day 30	**음악을 들으면서 책을 읽어요.** 동시에 하는 행동을 설명하는 ながら 패턴
Day 31	**일본을 여행하는 것이 기대돼요.** 동작을 가리키는 の 패턴
Day 32	**취소하는 이유가 있나요?** 궁금한 점을 질문하는 ますか 패턴
Day 33	**하카타 역은 5분 정도 걸려요.** 대략적인 정도를 말하는 くらい 패턴
Day 34	**호텔을 예약했어요.** 이전에 했던 행동을 말하는 ました 패턴
Day 35	**이자카야에서 어묵을 시켰어요.** 행동이 일어난 장소를 말하는 で 패턴
Day 36	**친구와 식사를 했어요.** 행동을 함께한 사람을 말하는 と 패턴
Day 37	**아침부터 밤까지 놀았어요.** 행동의 시작과 끝을 말하는 から와 まで 패턴
Day 38	**마감 전까지 리포트를 제출할게요.** 끝내야 하는 시점을 말하는 までに 패턴
Day 39	**시곗바늘이 움직이지 않아요.** 일어나지 않은 행동을 말하는 ません 패턴
Day 40	**설에는 본가에 가지 않아요.** 목적지와 시간을 말하는 に 패턴
Day 41	**커피는 마시지 않았어요.** 하지 않았던 행동을 말하는 ませんでした 패턴

Day 26

1그룹 동사로 상태를 말하는 ます 패턴

부탁이 있어요.

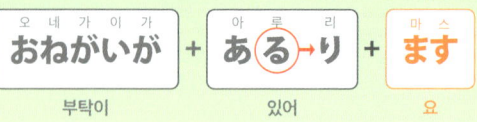

おねがい 부탁   ある 1 있다

1그룹 동사로 현재의 상태나 앞으로의 일을 말할 때 사용하는 패턴이에요. 내가 말하고자 하는 상황에 따라 현재나 미래의 의미로 사용할 수 있어요. ~ます(~해요/할게요) 앞에 1그룹 동사를 넣어 말해 보세요. 이때, 동사 끝을 い단으로 바꿔서 사용해요!

* '단'에 대해서는 p.10을 보고 다시 한 번 복습해 보세요.

 **Step 1**
패턴이 사용된 문장 따라 말해보기

캄 뻬ー엔 가   하 지 마 리 마 스
キャンペーンが　はじまります。
　캠페인이　　　　시작돼요.

료ー킹 가   아 가 리 마 스
りょうきんが　あがります。
　요금이　　　　올라요.

도 아 가   히 라 키 마 스
ドアが　ひらきます。
　문이　　　열려요.

와 따 시 가   오 고 리 마 스
わたしが　おごります。
　제가　　　　한턱낼게요.

와 따 시 타 찌 가   모 찌 마 스
わたしたちが　もちます。
　저희가　　　　들게요.

キャンペーン 캠페인   はじまる 1 시작되다   りょうきん 요금   あがる 1 오르다   ドア 문   ひらく 1 열리다   おごる 1 (한턱)내다
わたしたち 저희, 우리   もつ 1 들다, 가지다

Step 2
이번에는 우리말만 보고 패턴 사용해 문장 말해보기

부탁이 있어요.　　　おねがいが あります。

캠페인이 시작돼요.

요금이 올라요.

문이 열려요.

제가 한턱낼게요.

저희가 들게요.

Step 3
패턴이 들어간 실제 회화 따라 말해보기

버스 요금에 대해 대화를 나누는 중인 상대에게
곧 요금이 오른다는 상태를 말할 때

스즈키　　ちかぢか　バスの　りょうきんが　あがります。
　　　　　 치카지카　　바스노　　　료-킹가　　　아가리마스
　　　　　　곧　　　　　 버스　　　요금이　　　　올라요.

타나카　　えっ、そうですか。
　　　　　 엣,　　 소-데스까
　　　　　 엇,　　 그래요?

ちかぢか 곧

Day 27

2그룹 동사로 상태를 말하는 ます패턴

여기는 후지산이 보여요.

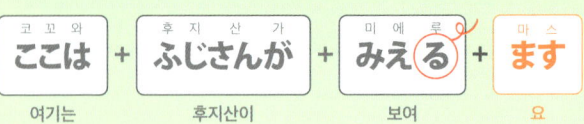

みえる 2 보이다

2그룹 동사로 현재의 상태나 앞으로의 일을 말할 때 사용하는 패턴이에요. 내가 말하고자 하는 상황에 따라 현재나 미래의 의미로 사용할 수 있어요. ~ます(~해요/할게요) 앞에 2그룹 동사를 넣어 말해 보세요. 이때, 동사 끝의 る를 떼고 사용해요!

 Step 1
패턴이 사용된 문장 따라 말해보기

스 키 나   하 이 유 - 가   데 마 스
すきな　はいゆうが　で**ます**。
좋아하는　　배우가　　　나와**요**.

돈 돈　　타 이 쥬 - 가　　후 에 마 스
どんどん　たいじゅうが　ふえ**ます**。
점점　　　체중이　　　　늘어나**요**.

낫 또 - 와　　스 키 키 라 이 가　와 까 레 마 스
なっとうは　すききらいが　わかれ**ます**。
낫토는　　　호불호가　　　갈려**요**.

료 코 - 사 키 와　와 따 시 가　키 메 마 스
りょこうさきは　わたしが　きめ**ます**。
여행지는　　　　제가　　　정할게**요**.

카 레 와　　스 이 에 - 가　데 끼 마 스
かれは　　すいえいが　でき**ます**。
그는　　　수영을　　　할 수 있어**요**.

> 일본에서는 '~을/를 할 수 있어요'라고 할 때 を(을) 대신 が(가)를 사용해요!

はいゆう 배우   でる 2 나오다   どんどん 점점   たいじゅう 체중   ふえる 2 늘어나다   すききらい 호불호   わかれる 2 갈리다
りょこうさき 여행지   きめる 2 정하다   すいえい 수영   できる 2 할 수 있다

Step 2
이번에는 우리말만 보고 패턴 사용해 문장 말해보기

| 여기는 후지산이 보여요. | 🎤 | ここは ふじさんが みえます。 |

| 좋아하는 배우가 나와요. | 🎤 |

| 점점 체중이 늘어나요. | 🎤 |

| 낫토는 호불호가 갈려요. | 🎤 |

| 여행지는 제가 정할게요. | 🎤 |

| 그는 수영을 할 수 있어요. | 🎤 |

Step 3
패턴이 들어간 실제 회화 따라 말해보기

💬 낫토를 싫어한다고 말하는 사람에게
낫토는 보통 호불호가 갈리는 상태임을 말할 때

타나카
와 따 시 와　　　낟 또 - 가　　　키 라 이 데 스
わたしは　なっとうが　きらいです。
저는　　　　낫토를　　　　싫어해요.

스즈키
낟 또 - 와　　　스 키 키 라 이 가　　　와 까 레 마 스 네
なっとうは　すききらいが　わかれますね。
낫토는　　　호불호가　　　갈리네요.

きらいだ 싫어하다

Day 28

3그룹 동사로 상태를 말하는 ます패턴

곧 전철이 와요.

MP3바로 듣기

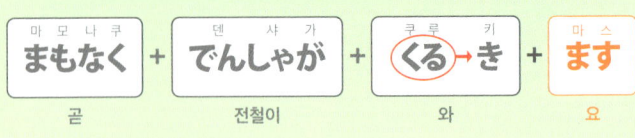

まもなく 곧 でんしゃ 전철 くる 3 오다

3그룹 동사로 현재의 상태나 앞으로의 일을 말할 때 사용하는 패턴이에요. 내가 말하고자 하는 상황에 따라 현재나 미래의 의미로 사용할 수 있어요. ~ます(~해요/할게요) 앞에 3그룹 동사를 넣어 말해 보세요. 이때, **する**는 **し**, **くる**는 **き**로 바꿔서 사용해요!

Step 1
패턴이 사용된 문장 따라 말해보기

ひさしぶりに　かぞくが　き**ます**。
오랜만에　　　가족이　　　와요.

やっと　はるが　き**ます**。
드디어　봄이　와요.

はやく　したく　し**ます**。
빨리　준비　할게요.

はっぴょうは　わたしが　し**ます**。
발표는　　　　제가　　　할게요.

さらあらいは　あにが　し**ます**。
설거지는　　　형이　　해요.

ひさしぶりに 오랜만에　かぞく 가족　やっと 드디어　はる 봄　はやく 빨리　したく 준비　する 3 하다　はっぴょう 발표
さらあらい 설거지

Step 2
이번에는 우리말만 보고 패턴 사용해 문장 말해보기

| 곧 전철이 와요. | まもなく でんしゃが き**ます**。 |

오랜만에 가족이 와요.

드디어 봄이 와요.

빨리 준비할게요.

발표는 제가 할게요.

설거지는 형이 해요.

Step 3
패턴이 들어간 실제 회화 따라 말해보기

집안일 담당을 물어보는 상대에게
형이 설거지를 하기로 한 상태라고 말할 때

스즈키   사 라 아 라 이   탄 또 - 와   다 레 데 스 까
さらあらい たんとうは だれですか。
설거지   담당은   누구예요?

타나카   사 라 아 라 이 와   아 니 가   시 마 스
さらあらいは あにが します。
설거지는   형이   해요.

たんとう 담당

Day 29

무엇을 하는지 말하는 を 패턴

저녁은 전골을 만들어요.

ゆうはんは + なべ + を + つくります
유-항와   나베   오   츠꾸리마스
저녁은   전골   을   만들어요

ゆうはん 저녁(밥)　なべ 전골　つくる 1 만들다

무엇을 하는지 말할 때 사용하는 패턴이에요. ～を(~를) 앞에 내가 할 일과 관련된 말을 넣어 말해 보세요.

Step 1
패턴이 사용된 문장 따라 말해보기

わたしは かいものを します。
와따시와　카이모노오　시마스
저는　쇼핑을　해요.

あしたは かいしゃを やすみます。
아시따와　카이샤오　야스미마스
내일은　회사를　쉬어요.

おとうとは こうこうを そつぎょうします。
오또-또와　코-코-오　소쯔교-시마스
남동생은　고등학교를　졸업해요.

かのじょは つくえを かたづけます。
카노죠와　츠쿠에오　카타즈케마스
그녀는　책상을　정리해요.

きょうは せんせいを しょうかいします。
쿄-와　센세-오　쇼-카이시마스
오늘은　선생님을　소개할게요.

かいもの 쇼핑　かいしゃ 회사　やすむ 1 쉬다　こうこう 고등학교　そつぎょう 졸업　つくえ 책상　かたづける 2 정리하다　しょうかい 소개

Step 2
이번에는 우리말만 보고 패턴 사용해 문장 말해보기

| 저녁은 전골을 만들어요. | ゆうはんは なべを つくります。 |

저는 쇼핑을 해요.

내일은 회사를 쉬어요.

남동생은 고등학교를 졸업해요.

그녀는 책상을 정리해요.

오늘은 선생님을 소개할게요.

Step 3
패턴이 들어간 실제 회화 따라 말해보기

🎬 드라마 <스쿨!!>에서
학생들에게 이제부터 무엇을 하는지 말할 때

와키타니
쿄 - 와   아 따라시이   센 세 - 오   쇼 - 카 이 시 마 스
きょうは あたらしい せんせいを しょうかいします。
오늘은   새로운   선생님을   소개할게요.

나루세
미 나 상,   오 하 요 - 고 자 이 마 스
みなさん、おはようございます。
여러분,   안녕하세요.

あたらしい 새롭다   **みなさん** 여러분

Day 30

동시에 하는 행동을 설명하는 ながら 패턴

음악을 들으면서 책을 읽어요.

MP3바로 듣기

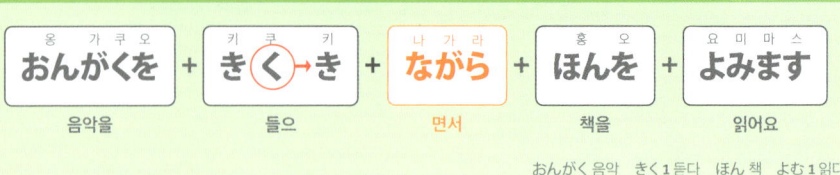

| おんがくを | + | きく→き | + | ながら | + | ほんを | + | よみます |
| 음악을 | | 들으 | | 면서 | | 책을 | | 읽어요 |

おんがく 음악 きく 1 듣다 ほん 책 よむ 1 읽다

동시에 두 가지 행동을 하고 있을 때 사용하는 패턴이에요. ~ながら(~하면서) 앞뒤에 동시에 하고 있는 일들을 넣어 말해 보세요. 이때, ながら 앞의 동사는 ます 패턴과 쓰일 때와 똑같은 방식으로 바꿔서 사용해요!

* ます 패턴은 p.74~79에서 확인할 수 있어요!

 Step 1
패턴이 사용된 문장 따라 말해보기

コーヒーを　のみながら　はなしを　します。
커피를　　마시면서　　이야기를　해요.

どうがを　みながら　ごはんを　たべます。
동영상을　보면서　　밥을　　　먹어요.

ドライブを　しながら　けしきを　みます。
드라이브를　하면서　　경치를　　봐요.

みちを　あるきながら　でんわを　します。
길을　　걸으면서　　　전화를　　해요.

うたを　うたいながら　ダンスを　します。
노래를　부르면서　　　춤을　　　춰요.

> 일본에서는 '춤을 추다'를 ダンスをする (단스오스루) '춤을 하다'라고 표현해요!

コーヒー 커피 のむ 1 마시다 はなし 이야기 どうが 동영상 みる 2 보다 ごはん 밥 たべる 2 먹다 けしき 경치 みち 길 あるく 1 걷다 でんわ 전화 うた 노래 うたう 1 (노래) 부르다

Step 2
이번에는 우리말만 보고 패턴 사용해 문장 말해보기

| 음악을 들으면서 책을 읽어요. | おんがくを ききながら ほんを よみます。 |

커피를 마시면서 이야기를 해요.

동영상을 보면서 밥을 먹어요.

드라이브를 하면서 경치를 봐요.

길을 걸으면서 전화를 해요.

노래를 부르면서 춤을 춰요.

Step 3
패턴이 들어간 실제 회화 따라 말해보기

주말에 무엇을 하는지 묻는 사람에게
보통 어떤 일을 동시에 하는지 설명할 때

스즈키: しゅうまつは なにを しますか。
　　　　슈-마쯔와　나니오　시마스까
　　　　주말은　　무엇을　하나요?

타나카: だいたい ドライブを しながら けしきを みます。
　　　　다이타이　도라이부오　시나가라　케시키오　미마스
　　　　보통　　　드라이브를　하면서　　경치를　　봐요.

しゅうまつ 주말　なに 무엇　だいたい 보통, 대체로

Day 31

동작을 가리키는 の 패턴

일본을 여행하는 것이 기대돼요.

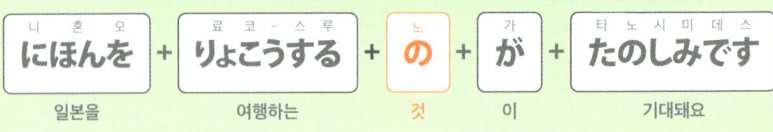

にほんを	+	りょこうする	+	の	+	が	+	たのしみです
일본을		여행하는		것		이		기대돼요

にほん 일본 りょこう 여행 たのしみだ 기대되다

동작, 행동을 가리킬 때 사용하는 패턴이에요. ~の(~것) 앞에 동사를 넣어 말해 보세요. p.38에서 학습한 の(~의)는 누구의 것인지 말할 때 사용하는 패턴이에요. 차이에 주의해서 학습해 보세요!

Step 1
패턴이 사용된 문장 따라 말해보기

탑 뿌리   네루 노 가   다이지데스
たっぷり   ねるのが   だいじです。
충분히   자는 것이   중요해요.

닉키오   츠께루 노 가   스키데스
にっきを   つけるのが   すきです。
일기를   쓰는 것을   좋아해요.

오샤베리오   스루 노 가   타노시-데스
おしゃべりを   するのが   たのしいです。
수다를   떠는 것이   즐거워요.

카오오   오보에루 노 가   니가테데스
かおを   おぼえるのが   にがてです。
얼굴을   외우는 것이   서툴러요.

타베모노오   노꼬스 노 와   못따이나이데스
たべものを   のこすのは   もったいないです。
음식을   남기는 것은   아까워요.

たっぷり 충분히 ねる 2 자다 だいじだ 중요하다 にっきをつける 2 일기를 쓰다 おしゃべりをする 3 수다를 떨다 たのしい 즐겁다
かお 얼굴 おぼえる 2 외우다 にがてだ 서툴다 たべもの 음식 のこす 1 남기다 もったいない 아깝다

Step 2
이번에는 우리말만 보고 패턴 사용해 문장 말해보기

| 일본을 여행하는 것이 기대돼요. | にほんを りょこうするのが たのしみです。 |

충분히 자는 것이 중요해요.

일기를 쓰는 것을 좋아해요.

수다를 떠는 것이 즐거워요.

얼굴을 외우는 것이 서툴러요.

음식을 남기는 것은 아까워요.

Step 3
패턴이 들어간 실제 회화 따라 말해보기

💬 스트레스 관리 방법을 묻는 사람에게
해야하는 행동을 가리킬 때

스즈키
타 나 카 상 와   도-   스 토 레 스 오   칸 리 시 마 스 까
たなかさんは　どう　ストレスを　かんりしますか。
타나카 씨는   어떻게   스트레스를   관리하나요?

타나카
마 이 니 찌   탑 뿌 리   네 루 노 가   다 이 지 데 스
まいにち、たっぷり　ねるのが　だいじです。
매일,   충분히   자는 것이   중요해요.

かんり 관리　まいにち 매일

Day 32 취소하는 이유가 있나요?

궁금한 점을 질문하는 ますか(마스까) 패턴

MP3바로 듣기

キャンセルする (칸세루스루) + りゆうが (리유-가) + あ る→り (아루→리) + ますか (마스까)
취소하는 + 이유가 + 있 + 나요?

キャンセル 취소   りゆう 이유

행동이나 상태에 대해 궁금한 점을 질문할 때 사용하는 패턴이에요. ~ますか(~하나요?) 앞에 궁금한 내용을 넣어 말해 보세요.
이때, **ますか** 앞의 동사는 **ます** 패턴과 쓰일 때와 똑같은 방식으로 바꿔서 사용해요!
* **ます** 패턴은 p.74~79에서 확인할 수 있어요!

Step 1
패턴이 사용된 문장 따라 말해보기

무까시노 쇼-세쯔모 요미마스까
むかしの しょうせつも よみますか。
옛날 소설도 읽나요?

도요-비와 야큐-오 미마스까
どようびは やきゅうを みますか。
토요일에는 야구를 보나요?

테가미와 쿄- 토도끼마스까
てがみは きょう とどきますか。
편지는 오늘 오나요?

우치아와세와 이쯔 오와리마스까
うちあわせは いつ おわりますか。
미팅은 언제 끝나나요?

노미카이와 카쬬-모 키마스까
のみかいは かちょうも きますか。
회식엔 과장님도 오나요?

> 한국에서는 '회식'이라고 하지만 일본에서는 **のみかい(노미카이)** '마시는 모임'이라고 해요.

むかし 옛날 しょうせつ 소설 どようび 토요일 やきゅう 야구 てがみ 편지 とどく1 오다, 도달하다 うちあわせ 미팅
おわる1 끝나다 のみかい 회식 かちょう 과장(님)

Step 2
이번에는 우리말만 보고 패턴 사용해 문장 말해보기

| 취소하는 이유가 있**나요**? | キャンセルする りゆうが あり**ますか**。 |

옛날 소설도 읽**나요**?

토요일에는 야구를 보**나요**?

편지는 오늘 오**나요**?

미팅은 언제 끝나**나요**?

회식엔 과장님도 오**나요**?

Step 3
패턴이 들어간 실제 회화 따라 말해보기

함께 회식에 가는 동료에게
궁금한 점을 질문할 때

타나카
노 미 카 이 와 　 카 쬬 - 모 　 키 마 스 까
のみかいは　かちょうも　きますか。
회식엔　　　과장님도　　　오**나요**?

스즈키
타 붕 　 키 마 스
たぶん　きます。
아마　　올 거예요.

たぶん 아마

Day 33

대략적인 정도를 말하는 くらい(쿠라이) 패턴

하카타 역은 5분 정도 걸려요.

はかたえきは (하카타에끼와) + 5ふん (고훈) + くらい (쿠라이) + かかります (카카리마스)
하카타 역은 / 5분 / 정도 / 걸려요

5ふん 5분 | かかる 1(시간이) 걸리다

시간, 수량 등의 대략적인 정도를 나타낼 때 사용하는 패턴이에요. ~くらい(~정도) 앞에 숫자 표현을 넣어 말해 보세요.

📢 Step 1
패턴이 사용된 문장 따라 말해보기

きおんが　5どくらい　さがります。
(키옹가)　(고도 쿠라이)　(사가리마스)
기온이　5도 정도　내려가요.

としは　10さいくらい　ちがいます。
(토시와)　(줏사이 쿠라이)　(치가이마스)
나이는　10살 정도　차이 나요.

そのひは　5にんくらい　あつまります。
(소노히와)　(고닝 쿠라이)　(아쯔마리마스)
그날은　5명 정도　모여요.

さんかひは　せんえんくらい　かかります。
(상까히와)　(셍엔 쿠라이)　(카카리마스)
참가비는　천 엔 정도　들어요.

ふだんは　2キロくらい　はしります。
(후당와)　(니키로 쿠라이)　(하시리마스)
평소에는　2킬로미터 정도　달려요.

きおん 기온　~ど ~도　さがる1 내려가다　とし 나이　~さい ~살　ちがう1 차이 나다　そのひ 그날　~にん ~명
あつまる1 모이다　さんかひ 참가비　~えん ~엔　かかる1 (비용이) 들다　~キロ ~킬로미터　はしる1 달리다

Step 2
이번에는 우리말만 보고 패턴 사용해 문장 말해보기

| 하카타 역은 5분 정도 걸려요. | はかたえきは 5 ふんくらい かかります。 |

| 기온이 5도 정도 내려가요. | |

| 나이는 10살 정도 차이 나요. | |

| 그날은 5명 정도 모여요. | |

| 참가비는 천 엔 정도 들어요. | |

| 평소에는 2킬로미터 정도 달려요. | |

Step 3
패턴이 들어간 실제 회화 따라 말해보기

날씨에 대해 대화하고 있는 상대에게
내일은 어느 정도 기온이 떨어진다고 말할 때

타나카
아 시 따　　키 옹 가　　고 도 쿠 라 이　　사 가 리 마 스
あした、 きおんが 5どくらい さがります。
내일,　　　기온이　　　5도 정도　　　내려가요.

스즈키
엣　　소 - 데 스 까　　켁 꼬 -　　사 가 리 마 스 네
えっ、そうですか。けっこう さがりますね。
엇,　　그래요?　　　꽤　　　내려가네요.

Day 34

이전에 했던 행동을 말하는 ました 패턴

호텔을 예약했어요.

ホテルを + よやく する → し + ました
호텔을　　　　예약　　　　　했어요

ホテル 호텔　よやく 예약

이전에 했던 행동이나 과거의 상태를 나타낼 때 사용하는 패턴이에요. ～ました(~했어요) 앞에 과거에 있었던 일을 넣어 말해 보세요. 이때, **ました** 앞의 동사는 **ます** 패턴과 쓰일 때와 똑같은 방식으로 바꿔서 사용해요!

* ます 패턴은 p.74~79에서 확인할 수 있어요!

Step 1
패턴이 사용된 문장 따라 말해보기

パンを　やき**ました**。
빵을　　구웠어요.

さいふを　おとし**ました**。
지갑을　　잃어버렸어요.

スキーを　し**ました**。
스키를　　탔어요.

> 일본에서는 '스키를 타다'를 スキーをする
> (스키-오스루) '스키를 하다'라고 표현해요!

ようじを　おもいだし**ました**。
볼일이　　생각났어요.

やきとりを　ちゅうもんし**ました**。
닭꼬치를　　　주문했어요.

パン 빵　やく 1 굽다　さいふ 지갑　おとす 1 잃어버리다　スキーをする 3 스키를 타다　ようじ 볼일　おもいだす 1 생각나다
やきとり 닭꼬치　ちゅうもん 주문

Step 2
이번에는 우리말만 보고 패턴 사용해 문장 말해보기

| 호텔을 예약했어요. | ホテルを よやくしました。 |

빵을 구웠어요.

지갑을 잃어버렸어요.

스키를 탔어요.

볼일이 생각났어요.

닭꼬치를 주문했어요.

Step 3
패턴이 들어간 실제 회화 따라 말해보기

나를 걱정해 주는 사람에게
이전에 했던 행동에 대해 말할 때

스즈키
카 오 이 로 가   와 루 이 데 스 네
かおいろが わるいですね。
안색이   안 좋네요.

타나카
지 쯔 와   사 이 후 오   오 또 시 마 시 따
じつは、さいふを おとしました。
실은,   지갑을   잃어버렸어요.

かおいろ 안색 わるい 안 좋다, 나쁘다 じつは 실은

Day 35

행동이 일어난 장소를 말하는 で 패턴

이자카야에서 어묵을 시켰어요.

いざかや + で + おでんを + たのみました
이자카야   에서   어묵을   시켰어요

いざかや 이자카야 (선술집)　おでん 어묵

어떤 행동이 일어난 장소를 말할 때 사용하는 패턴이에요. ~で(~에서) 앞에 장소를 넣어 말해 보세요.

Step 1
패턴이 사용된 문장 따라 말해보기

쇼 쿠 도 – 데　　　　라 – 멩 오　　　　타 베 마 시 따
しょくどうで　ラーメンを　たべました。
식당에서　　　　라멘을　　　　먹었어요.

비 쥬 쯔 깡 데　　　　텐 지 오　　　　미 마 시 따
びじゅつかんで　てんじを　みました。
미술관에서　　　　전시를　　　　봤어요.

지 무 데　　　운 도 – 오　　　시 마 시 따
ジムで　うんどうを　しました。
헬스장에서　　　운동을　　　했어요.

넷 또 데　　　쿠 쯔 오　　　카 이 마 시 따
ネットで　くつを　かいました。
인터넷에서　　　신발을　　　샀어요.

하 와 이 데　　　슈 노 – 케 루 오　　　시 마 시 따
ハワイで　シュノーケルを　しました。
하와이에서　　　스노클링을　　　했어요.

しょくどう 식당　びじゅつかん 미술관　てんじ 전시　ネット 인터넷　くつ 신발　かう 1 사다　シュノーケル 스노클링

Step 2
이번에는 우리말만 보고 패턴 사용해 문장 말해보기

이자카야에서 어묵을 시켰어요.　　いざかやで おでんを たのみました。

식당에서 라멘을 먹었어요.

미술관에서 전시를 봤어요.

헬스장에서 운동을 했어요.

인터넷에서 신발을 샀어요.

하와이에서 스노클링을 했어요.

Step 3
패턴이 들어간 실제 회화 따라 말해보기

💬 어제 한 일을 묻는 상대에게
라멘을 먹은 장소를 말할 때

스즈키　　　키 노 - 와　　쇼 쿠 도 - 데　　라 - 멩 오　　타 베 마 시 따
　　　　　きのうは　しょくどうで　ラーメンを　たべました。
　　　　　어제는　　　식당에서　　　　라멘을　　　　먹었어요.

　　　　　오 이 시 깟 따 데 스 까
타나카　　おいしかったですか。
　　　　　맛있었나요?

Day 36

행동을 함께한 사람을 말하는 と 패턴

친구와 식사를 했어요.

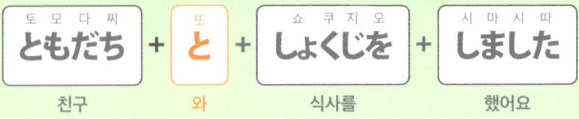

ともだち 친구 しょくじ 식사

어떤 일을 함께하는 사람을 말할 때 사용하는 패턴이에요. 〜と(~와/과) 앞에 가족이나 동료 등 어떤 일을 함께하는 사람을 넣어 말해 보세요.

 **Step 1**
패턴이 사용된 문장 따라 말해보기

카 조 쿠 또　　오 - 소 - 지 오　　시 마 시 따
かぞくと　　おおそうじを　　しました。
가족들과　　　 대청소를　　　　 했어요.

아 마 네 상 또　　테 니 스 오　　　시 마 시 따
あまねさんと　　テニスを　　　しました。
아마네 씨와　　　　테니스를　　　 쳤어요.

하 하 또　　도 라 이 부 오　　시 마 시 따
ははと　　ドライブを　　しました。
어머니와　　 드라이브를　　 했어요.

카 노 죠 또　　푸 리 쿠 라 오　　토 리 마 시 따
かのじょと　　プリクラを　　とりました。
여자친구와　　　스티커 사진을　 찍었어요.

아 이 켄 또　　코 - 엔 데　　아 소 비 마 시 따
あいけんと　　こうえんで　　あそびました。
반려견과　　　 공원에서　　　 놀았어요.

おおそうじ 대청소　ドライブ 드라이브　プリクラ 스티커 사진　あいけん 반려견　こうえん 공원　あそぶ1 놀다

Step 2
이번에는 우리말만 보고 패턴 사용해 문장 말해보기

- 친구와 식사를 했어요. → ともだちと しょくじを しました
- 가족들과 대청소를 했어요.
- 아마네 씨와 테니스를 쳤어요.
- 어머니와 드라이브를 했어요.
- 여자친구와 스티커 사진을 찍었어요.
- 반려견과 공원에서 놀았어요.

Step 3
패턴이 들어간 실제 회화 따라 말해보기

일요일에 무엇을 했는지 묻는 사람에게
누구와 무엇을 함께 했는지 말할 때

타나카
니찌요-비와 / 나니오 / 시마시따까
にちようびは なにを しましたか。
일요일은 / 무엇을 / 했나요?

스즈키
니찌요-비와 / 아이켄또 / 코-엔데 / 아소비마시따
にちようびは あいけんと こうえんで あそびました。
일요일에는 / 반려견과 / 공원에서 / 놀았어요.

にちようび 일요일

Day 37

행동의 시작과 끝을 말하는 から와 まで 패턴

아침부터 밤까지 놀았어요.

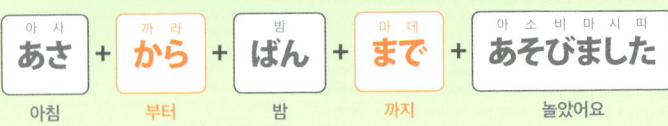

あさ 아침 + から 부터 + ばん 밤 + まで 까지 + あそびました 놀았어요

あさ 아침　ばん 밤

무언가의 시작과 끝을 설명할 때 사용하는 패턴이에요. ~から(~부터/에서) 앞에 시작하는 시간이나 장소, ~まで(~까지) 앞에 끝나는 시간이나 장소를 넣어 말해 보세요.

Step 1
패턴이 사용된 문장 따라 말해보기

쥬-이찌지 까라　시찌지 마데　네마시따
１１じから　７じまで　ねました。
11시부터　7시까지　잤어요.

시찌가쯔 까라　하찌가쯔 마데　나쯔야스미데스
７がつから　８がつまで　なつやすみです。
7월부터　8월까지　여름방학이에요.

료깡 까라　쿠우코- 마데　이도-시마스
りょかんから　くうこうまで　いどうします。
료칸에서　공항까지　이동해요.

이에 까라　바스테- 마데　아루키마시따
いえから　バスていまで　あるきました。
집에서　버스 정류장까지　걸었어요.

아마츄아 까라　푸로마데　상까시마스
アマチュアから　プロまで　さんかします。
아마추어부터　프로까지　참가해요.

なつやすみ 여름방학　~がつ ~월　りょかん 료칸　くうこう 공항　いどう 이동　バスてい 버스 정류장　アマチュア 아마추어　プロ 프로　さんか 참가

Step 2
이번에는 우리말만 보고 패턴 사용해 문장 말해보기

| 아침부터 밤까지 놀았어요. | あさから ばんまで あそびました。 |

11시부터 7시까지 잤어요.

7월부터 8월까지 여름방학이에요.

료칸에서 공항까지 이동해요.

집에서 버스 정류장까지 걸었어요.

아마추어부터 프로까지 참가해요.

Step 3
패턴이 들어간 실제 회화 따라 말해보기

대학생이 아닌 상대에게
방학이 언제 시작하고 끝나는지 말할 때

타나카
시찌 가 쯔 까 라   하찌 가 쯔 마 데   나 쯔 야 스 미 데 스
7がつから 8がつまで なつやすみです。
7월부터   8월까지   여름방학이에요.

스즈키
헤 -   우 라 야 마 시 - 데 스
へえ、うらやましいです。
와아,   부러워요.

うらやましい 부럽다

Day 38

끝내야 하는 시점을 말하는 までに 패턴

마감 전까지 리포트를 제출할게요.

しめきり + までに + レポートを + だします
마감   전까지   리포트를   제출할게요

しめきり 마감   レポート 리포트   だす 1 제출하다

어떤 동작이나 상황을 끝내야 하는 시점을 나타내는 패턴이에요. ～までに(~전까지) 앞에 마감 시간이나 제출 기한 등 해야 할 일이 반드시 끝나야 하는 시간을 넣어 말해 보세요.

Step 1
패턴이 사용된 문장 따라 말해보기

3じまでに しょるいを おくります。
3시 전까지   서류를   보낼게요.

しゅうまつまでに れんらくを します。
주말 전까지   연락을   할게요.

もくようびまでに じゅんびを おわらせます。
목요일 전까지   준비를   끝낼게요.

デートまでに レストランを しらべます。
데이트 전까지   레스토랑을   알아봐요.

たんじょうびまでに プレゼントを かいます。
생일 전까지   선물을   살게요.

しょるい 서류   おくる 1 보내다   しゅうまつ 주말   れんらく 연락   もくようび 목요일   じゅんび 준비   おわらせる 2 끝내다
デート 데이트   しらべる 2 알아보다   たんじょうび 생일   プレゼント 선물

Step 2
이번에는 우리말만 보고 패턴 사용해 문장 말해보기

| 마감 전까지 리포트를 제출할게요. | しめきりまでに レポートを だします。 |

3시 전까지 서류를 보낼게요.

주말 전까지 연락을 할게요.

목요일 전까지 준비를 끝낼게요.

데이트 전까지 레스토랑을 알아봐요.

생일 전까지 선물을 살게요.

Step 3
패턴이 들어간 실제 회화 따라 말해보기

생일 파티를 한다는 사람에게
선물 준비를 생일 전까지 끝내겠다고 말할 때

스즈키
도요-비   탄죠-비파-티-오   시마스
どようび、たんじょうびパーティーを します。
토요일,   생일 파티를   해요.

타나카
쟈-   탄죠-비마데니   푸레젠또오   카이마스네
じゃあ、たんじょうびまでに プレゼントを かいますね。
그럼,   생일 전까지   선물을   살게요.

どようび 토요일 パーティー 파티

Day 39

일어나지 않은 행동을 말하는 ません 패턴

시곗바늘이 움직이지 않아요.

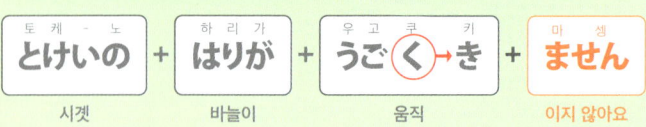

とけい 시계 はり 바늘 うごく1 움직이다

일어나지 않은 행동이나 하지 못하는 행동 등 부정적인 상황을 설명할 때 사용하는 패턴이에요. ~ません(~하지 않아요) 앞에 부정적인 상황을 넣어 말해보세요. 이때, ません 앞의 동사는 ます 패턴과 쓰일 때와 똑같은 방식으로 바꿔서 사용해요!
* ます 패턴은 p.74~79에서 확인할 수 있어요!

 Step 1
패턴이 사용된 문장 따라 말해보기

빈 노   후타 가   아끼 마 셍
ビンの　ふたが　あきません。
병   뚜껑이   열리지 않아요

> ン 뒤에 'ㄴ' 받침이 오면 'ㅇ' 받침이 아니라 'ㄴ' 받침으로 발음하는게 자연스러워요!

가 멘 노   모지 가   미에 마 셍
がめんの　もじが　みえません。
화면의   글씨가   보이지 않아요

쿠 - 라 노   리모 콩 가   미쯔카리 마 셍
クーラーの　リモコンが　みつかりません。
에어컨   리모컨이   보이지 않아요

츄 - 몽 카꾸닌 노   메 - 루 가   토도끼 마 셍
ちゅうもんかくにんの　メールが　とどきません。
주문 확인   문자가   오지 않아요

> 일본에서는 휴대전화 문자도 メール(메-루)라고 해요!

카 이 죠 - 노   이치 가   와까리 마 셍
かいじょうの　いちが　わかりません。
행사장의   위치를   모르겠어요

> 콘서트장, 극장 등 이벤트나 행사가 열리는 모든 공간을 일본어로 かいじょう(카이죠-)라고 해요!

ビン 병   ふた 뚜껑   あく1 열리다   がめん 화면   もじ 글씨   みつかる1 보이다, 발견되다   ちゅうもん 주문   かくにん 확인
メール 문자, 메일   とどく1 오다, 도달하다   かいじょう 행사장   いち 위치   わかる1 알다

Step 2
이번에는 우리말만 보고 패턴 사용해 문장 말해보기

| 시곗바늘이 움직이지 않아요. | とけいの はりが うごきません。 |

병뚜껑이 열리지 않아요.

화면의 글씨가 보이지 않아요.

에어컨 리모컨이 보이지 않아요.

주문 확인 문자가 오지 않아요.

행사장의 위치를 모르겠어요.

Step 3
패턴이 들어간 실제 회화 따라 말해보기

함께 음료수를 산 사람에게
뚜껑이 열리지 않는 상황을 설명할 때

타나카
빈 노　후 타 가　아 끼 마 셍
ビンの　ふたが　あきません。
병　　　뚜껑이　　열리지 않아요.

스즈키
와 따 시 가　아 께 마 스
わたしが　あけます。
제가　　　　열게요.

あける 2 열다

Day 40

목적지와 시간을 말하는 に 패턴

설에는 본가에 가지 않아요.

おしょうがつは	+	じっか	+	に	+	かえりません
오쇼-가쯔와		직까		니		카에리마셍
설에는		본가		에		가지 않아요

おしょうがつ 설 じっか 본가 かえる 1 (돌아)가다

목적지를 설명하거나 행동이 이루어지는 시간을 설명할 때 사용하는 패턴이에요. ~に(~에) 앞에 장소나 시간 표현을 넣어 말해 보세요.

 Step 1
패턴이 사용된 문장 따라 말해보기

さいきんは　ゲーセンに　いきません。
사이킹 와　게-셍 니　이끼마셍
요즘에는　오락실에　가지 않아요.

> ゲーセン(게-셍)은 '게임센터'라는 뜻인 ゲームセンター(게-무센타-)의 줄임말이에요!

その　びょういんは　しゅうまつに　やすみません。
소노　뵤-잉 와　슈-마쯔 니　야스미마셍
그　병원은　주말에　쉬지 않아요.

はらさんは　きんようびに　きません。
하라 상 와　킹요-비 니　키마셍
하라 씨는　금요일에　오지 않아요.

わたしは　オーディションに　でません。
와따시 와　오-디숀 니　데마셍
저는　오디션에　나가지 않아요.

とっきゅうは　その　えきに　とまりません。
톡큐- 와　소노　에끼 니　토마리마셍
특급은　그　역에　서지 않아요.

ゲーセン 오락실 びょういん 병원 しゅうまつ 주말 きんようび 금요일 オーディション 오디션 でる 2 나가다 とっきゅう 특급 とまる 1 서다, 멈추다

Step 2
이번에는 우리말만 보고 패턴 사용해 문장 말해보기

설에는 본가에 가지 않아요. → おしょうがつは じっかに かえりません。

요즘에는 오락실에 가지 않아요.

그 병원은 주말에 쉬지 않아요.

하라 씨는 금요일에 오지 않아요.

저는 오디션에 나가지 않아요.

특급은 그 역에 서지 않아요.

Step 3
패턴이 들어간 실제 회화 따라 말해보기

전철이 목적지까지 가는지 묻는 사람에게
특급은 목적지에 서지 않는다고 말할 때

스즈키: この でんしゃ、みなみえきに いきますか。
코노 덴샤, 미나미에끼니 이끼마스까
이 전철, 미나미 역에 가나요?

타나카: いいえ、とっきゅうは その えきに とまりません。
이-에, 톡큐-와 소노 에끼니 토마리마셍
아뇨, 특급은 그 역에 서지 않아요.

でんしゃ 전철

Day 41

하지 않았던 행동을 말하는 ま(마)せ(셍)ん(데)で(시)し(따)た 패턴

커피는 마시지 않았어요.

コーヒー 커피 のむ 1 마시다

과거에 하지 않았던 일을 말할 때 사용하는 패턴이에요. ~ませんでした(~하지 않았어요) 앞에 실제로 하지 않았던 내용을 넣어 말해 보세요. 이때, ませんでした 앞의 동사는 ます 패턴과 쓰일 때와 똑같은 방식으로 바꿔서 사용해요!

* ます 패턴은 p.74~79에서 확인할 수 있어요!

Step 1
패턴이 사용된 문장 따라 말해보기

키노ー와 데까께 마셍 데시따
きのうは　でかけませんでした。
어제는　　　　　외출하지 않았어요.

소노　도ー가와　미 마셍 데시따
その　どうがは　みませんでした。
그　　동영상은　　보지 않았어요.

아라ー무와　나리 마셍 데시따
アラームは　なりませんでした。
알람은　　　울리지 않았어요.

와이ー화이 가　츠나가리 마셍 데시따
Wi-Fiが　つながりませんでした。
와이파이가　　연결되지 않았어요.

토모다찌니　하나시 마셍 데시따
ともだちに　はなしませんでした。
친구에게　　말하지 않았어요.

でかける 2 외출하다　どうが 동영상　アラーム 알람　なる 1 울리다　つながる 1 연결되다　はなす 1 말하다

Step 2
이번에는 우리말만 보고 패턴 사용해 문장 말해보기

커피는 마시지 않았어요. → コーヒーは のみませんでした。

어제는 외출하지 않았어요.

그 동영상은 보지 않았어요.

알람은 울리지 않았어요.

와이파이가 연결되지 않았어요.

친구에게 말하지 않았어요.

Step 3
패턴이 들어간 실제 회화 따라 말해보기

최근 인기인 동영상을 봤는지 묻는 사람에게
보지 않았다고 말할 때

스즈키: この どうが みましたか。さいきん にんきです。
코 노   도-가   미 마시 따 까   사이 킹   닝 끼데 스
이   동영상   봤어요?   최근   인기예요.

타나카: その どうがは まだ みませんでした。
소 노   도-가 와   마 다   미 마 셍 데 시 따
그   동영상은   아직   보지 않았어요.

さいきん 최근   にんき 인기   まだ 아직

일본어도 역시, **해커스일본어**
japan.Hackers.com

4장

상황과 생각을 전하는 패턴

해커스 왕초보 일본어회화 10분의 기적
기초패턴으로 말하기

Day 42 영수증을 주세요.
상대에게 부탁하는 をください 패턴

Day 43 저는 생맥주로 할게요.
선택과 결정을 전달하는 にします 패턴

Day 44 이 영화는 히트칠 거라고 생각해요.
주관적인 생각을 말하는 とおもいます 패턴

Day 45 비행기가 지연된대요.
전해 들은 정보를 전달하는 そうです 패턴

Day 46 내일은 일이 있거든요.
이유와 상황을 설명하는 んです 패턴

Day 47 기타를 칠 수 있어요.
할 수 있다고 말하는 ことができます 패턴

Day 48 야구를 보러 가요.
어떤 일을 하러 가는지 말하는 に 패턴

Day 49 슬슬 집에 돌아가요.
상대에게 제안하는 ましょう 패턴

Day 50 도시에서 살고 싶어요.
내가 하고 싶은 일을 말하는 たいです 패턴

Day 51 그는 골프를 배우고 싶어 해요.
다른 사람이 하고 싶어 하는 일을 말하는 たがっています 패턴

Day 52 돈을 너무 많이 썼어요.
지나친 행동을 후회하는 すぎました 패턴

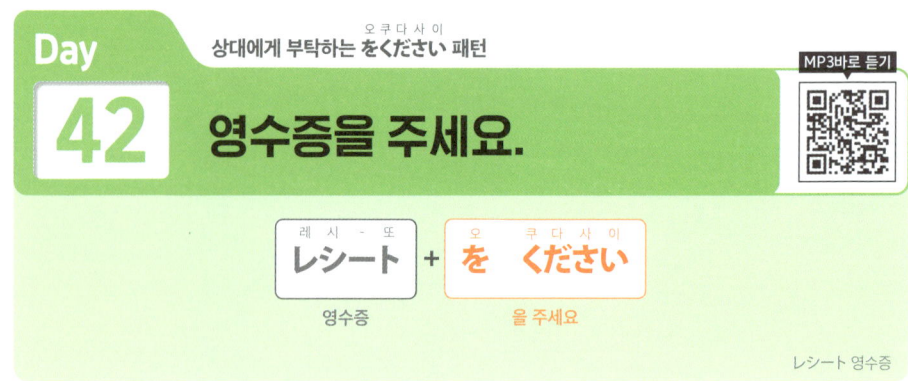

Day 42

오쿠다사이
상대에게 부탁하는 をください 패턴

영수증을 주세요.

MP3바로 듣기

레시-또
レシート + を ください
영수증 + 을 주세요

レシート 영수증

상대에게 부탁할 때 사용하는 패턴이에요. ~をください(~을 주세요) 앞에 필요한 물건을 넣어 말해 보세요.

Step 1
패턴이 사용된 문장 따라 말해보기

코레오 쿠다사이
これを ください。
이것을 주세요.

오미즈오 쿠다사이
おみずを ください。
물을 주세요.

みず(미즈) 앞에 お(오)를 붙이면 더 공손하게 말할 수 있어요.

팃슈오 쿠다사이
ティッシュを ください。
티슈를 주세요.

テ(테) 뒤에 작은 イ(이)를 붙이면 ティ(티)라고 발음해요!

토리자라오 쿠다사이
とりざらを ください。
앞접시를 주세요.

카레-스-푸오 쿠다사이
カレースープを ください。
카레 수프를 주세요.

おみず 물 ティッシュ 티슈 とりざら 앞접시 カレー 카레 スープ 수프

Step 2
이번에는 우리말만 보고 패턴 사용해 문장 말해보기

영수증을 주세요.　　　レシートを ください。

이것을 주세요.

물을 주세요.

티슈를 주세요.

앞접시를 주세요.

카레 수프를 주세요.

Step 3
패턴이 들어간 실제 회화 따라 말해보기

드라마 <ATARU>에서
상대방에게 무언가를 부탁할 때

아타루
카 레 - 스 - 푸 오　쿠 다 사 이
カレースープを ください。
카레 수프를　　　주세요.

에비나
도 꼬 노
どこの？
어디 거?

Day 43 저는 생맥주로 할게요.

선택과 결정을 전달하는 にします 패턴

なまビール 생맥주

선택하거나 결정한 사항을 전할 때 사용하는 패턴이에요. 〜に します(~로 할게요) 앞에 메뉴나 물건 등 결정된 사항을 넣어 말해 보세요.

 Step 1
패턴이 사용된 문장 따라 말해보기

푸 레 젠 또 와　　코 ― 스 이 니　　시 마 시 따
プレゼントは　　こうすいに　　しました。
선물은　　　　　향수로　　　　했어요.

> します(시마스)를 과거형인 しました(시마시따)로 바꾸면 과거에 결정했던 사항을 말할 수 있어요!

콘 도 와　　킴 빠 쯔 니　　시 마 시 따
こんどは　　きんぱつに　　しました。
이번에는　　　금발로　　　했어요.

사 이 즈 와　　에 루 니　　시 마 스
サイズは　　L に　　します。
사이즈는　　　L로　　할게요.

세 키 와　　츠 ― 로 가 와 니　　시 마 스
せきは　　つうろがわに　　します。
자리는　　　통로 쪽으로　　할게요.

유 ― 쇼 꾸 와　　통 카 쯔 니　　시 마 스
ゆうしょくは　　とんかつに　　します。
저녁 식사는　　　돈가스로　　할게요.

こうすい 향수　こんど 이번　きんぱつ 금발　サイズ 사이즈　せき 자리　つうろがわ 통로 쪽　ゆうしょく 저녁 식사　とんかつ 돈가스

Step 2
이번에는 우리말만 보고 패턴 사용해 문장 말해보기

| 저는 생맥주로 할게요. | 🎤 | わたしは なまビールに します。 |

저는 선물은 향수로 했어요. 🎤

이번에는 금발로 했어요. 🎤

사이즈는 L로 할게요. 🎤

자리는 통로 쪽으로 할게요. 🎤

저녁 식사는 돈가스로 할게요. 🎤

Step 3
패턴이 들어간 실제 회화 따라 말해보기

💬 어떤 것으로 결정했는지 묻는 사람에게
결정한 것을 전달할 때

스즈키   ゆうしょくの　メニューは　きまりましたか。
         유-쇼꾸노   메뉴-와   키마리마시따까
         저녁 식사   메뉴는   정해지셨나요?

타나카   はい、ゆうしょくは　とんかつに　します。
         하이 유-쇼꾸와   통카쯔니   시마스
         네,   저녁 식사는   돈가스로   할게요.

きまる 1 정해지다

Day 44

주관적인 생각을 말하는 **とおもいます**(토오모이마스) 패턴

이 영화는 히트칠 거라고 생각해요.

この + えいがは + ヒットする + と おもいます
이 / 영화는 / 히트칠 거 / 라고 생각해요

えいが 영화　ヒット 히트

내 주관적인 생각을 전달할 때 사용하는 패턴이에요. 특히 의견을 단정 지어 말하고 싶지 않을 때 많이 사용해요. ~とおもいます (~라고 생각해요) 앞에 내 생각이나 의견을 넣어 말해 보세요.

🔊 Step 1
패턴이 사용된 문장 따라 말해보기

この　ネックレスが　にあうと　おもいます。
이　목걸이가　어울린다고　생각해요.

うちの　チームが　ゆうしょうすると　おもいます。
우리　팀이　우승할 거라고　생각해요.

その　スイーツは　はやると　おもいます。
그　디저트는　유행할 거라고　생각해요.

たぶん　1じかんは　かかると　おもいます。
아마　1시간은　걸릴 거라고　생각해요.

あそこで　とるのが　ばえると　おもいます。
저기서　찍는 게　예쁠 거라고　생각해요.

> ばえる(바에루)는 특히 SNS에 올릴 예쁜 감성샷을 찍을 때 사용해요!

ネックレス 목걸이　にあう 1 어울리다　うち 우리　チーム 팀　ゆうしょう 우승　スイーツ 디저트　はやる 1 유행하다　~じかん ~시간　とる 1 찍다　ばえる 2 예쁘게 찍히다

Step 2
이번에는 우리말만 보고 패턴 사용해 문장 말해보기

| 이 영화는 히트칠 거라고 생각해요. | 🎤 | **この えいがは ヒットすると おもいます。** |

이 목걸이가 어울린다고 생각해요. 🎤

우리 팀이 우승할 거라고 생각해요. 🎤

그 디저트는 유행할 거라고 생각해요. 🎤

아마 1시간은 걸릴 거라고 생각해요. 🎤

저기서 찍는 게 예쁠 거라고 생각해요. 🎤

Step 3
패턴이 들어간 실제 회화 따라 말해보기

💬 유튜브에서 본 디저트가 맛있는지 묻는 사람에게
디저트에 대한 내 주관적인 생각을 전달할 때

타나카
코레 유-츄-부데 미마시따 오이시-데스까
これ、ユーチューブで みました。おいしいですか。
이거, 유튜브에서 봤어요. 맛있나요?

스즈키
오이시-데스 소노 스이-쯔와 하야루토 오모이마스
おいしいです。その スイーツは はやると おもいます。
맛있어요. 그 디저트는 유행할 거라고 생각해요.

Day 45
전해 들은 정보를 전달하는 そうです 패턴
비행기가 지연된대요.

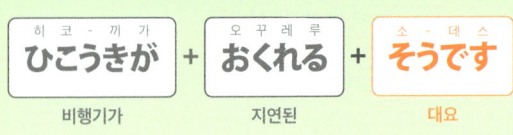

ひこうき 비행기 おくれる 2 지연되다

다른 사람에게 들은 내용을 전할 때 사용하는 패턴이에요. ~そうです(~한대요/래요) 앞에 알게 된 정보를 넣어 말해 보세요.

Step 1
패턴이 사용된 문장 따라 말해보기

아니가   켁 콘 스루 소 - 데 스
あにが　けっこんするそうです。
　형이　　　　　결혼한대요.

도 - 끼 가   야메루 소 - 데 스
どうきが　やめるそうです。
　동기가　　　　그만둔대요.

타 이 무 세 - 루 가   하지마루 소 - 데 스
タイムセールが　はじまるそうです。
　타임 세일이　　　　시작된대요.

레 뷰 - 이 벤 또 오   스루 소 - 데 스
レビューイベントを　するそうです。
　리뷰 이벤트를　　　　한대요.

마쯔기 상 모   이 랏 샤루 소 - 데 스
まつぎさんも　いらっしゃるそうです。
　마츠기 씨도　　　　오신대요.

けっこん 결혼   どうき 동기   やめる 2 그만두다   タイムセール 타임 세일   レビューイベント 리뷰 이벤트   いらっしゃる 1 오시다

Step 2
이번에는 우리말만 보고 패턴 사용해 문장 말해보기

| 비행기가 지연된대요. | ひこうきが おくれるそうです。 |

형이 결혼한대요.

동기가 그만둔대요.

타임 세일이 시작된대요.

리뷰 이벤트를 한대요.

마츠기 씨도 오신대요.

Step 3
패턴이 들어간 실제 회화 따라 말해보기

드라마 <토토언니>에서
전해들은 정보를 다른 사람에게 전달할 때

에이코: **まつぎさんも いらっしゃるそうです。**
마쯔기 상모 이랏샤루 소-데스
마츠기 씨도 오신대요.

야마다: **わかりました。**
와 까리마시따
알겠습니다.

Day 46

이유와 상황을 설명하는 んです 패턴

내일은 일이 있거든요.

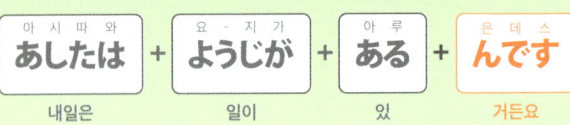

あしたは (내일은) + ようじが (일이) + ある (있) + んです (거든요)

ようじ 일

어떤 일에 대한 이유나 상황을 설명할 때 사용하는 패턴이에요. ~んです(~하거든요) 앞에 이유가 되는 내용이나 상황에 대한 설명을 넣어 말해 보세요.

Step 1
패턴이 사용된 문장 따라 말해보기

にちようびは　かんこくに　かえるんです。
일요일에는　　　한국에　　　돌아가거든요.

5がつは　ゴールデンウイークが　あるんです。
5월에는　　　골든위크가　　　　있거든요.

そのひは　どくしょかいに　いくんです。
그 날은　　독서 모임에　　가거든요.

はなす　ことが　あるんです。
이야기할　것이　있거든요.

いとこの　こどもが　うまれるんです。
사촌의　　아이가　　태어나거든요.

かんこく 한국　ゴールデンウイーク 골든위크(4월 말~5월 초의 긴 연휴 기간)　どくしょかい 독서 모임　はなす 1 이야기하다
いとこ 사촌　こども 아이　うまれる 2 태어나다

Step 2
이번에는 우리말만 보고 패턴 사용해 문장 말해보기

| 내일은 일이 있거든요. | あしたは ようじが あるんです。 |

| 일요일에는 한국에 돌아가거든요. | |

| 5월에는 골든위크가 있거든요. | |

| 그날은 독서 모임에 가거든요. | |

| 이야기할 것이 있거든요. | |

| 사촌의 아이가 태어나거든요. | |

Step 3
패턴이 들어간 실제 회화 따라 말해보기

만날 일정을 정하고자 묻는 사람에게
상대가 제안한 날이 안되는 이유를 설명할 때

타나카: えいが、らいしゅうの げつようびは どうですか。
(영화, 다음 주 월요일은 어때요?)

스즈키: あ、だめです。その ひは どくしょかいに いくんです。
(아, 안 돼요. 그 날은 독서 모임에 가거든요.)

えいが 영화　らいしゅう 다음 주　げつようび 월요일　だめだ 안 되다

Day 47

할 수 있다고 말하는 **ことができます** 패턴

기타를 칠 수 있어요.

내 능력으로 할 수 있는 일을 말할 때 사용하는 패턴이에요. ~ことができます(~할 수 있어요) 앞에 할 수 있는 일을 넣어 말해 보세요.

Step 1
패턴이 사용된 문장 따라 말해보기

에 ― 고 오	하 나 스 코 또 가	데 끼 마 스
えいごを	**はなすことが**	**できます。**
영어를	할 수	있어요.

'외국어를 하다'는 '하다'라는 뜻의 する(스루)가 아닌 '말하다'라는 뜻의 はなす(하나스)를 사용해요.

스 케 보 ― 니	노 루 코 또 가	데 끼 마 스
スケボーに	**のることが**	**できます。**
스케이트보드를	탈 수	있어요.

동사 のる(노루)의 경우 '~을/를'이라는 뜻으로 を(오) 대신 に(니)를 사용해요!

팡 케 ― 끼 오	츠 꾸 루 코 또 가	데 끼 마 스
パンケーキを	**つくることが**	**できます。**
팬케이크를	만들 수	있어요.

테 부 꾸 로 오	아 무 코 또 가	데 끼 마 스
てぶくろを	**あむことが**	**できます。**
장갑을	뜰 수	있어요.

포 인 또 니	코 ― 깐 스 루 코 또 가	데 끼 마 스
ポイントに	**こうかんすることが**	**できます。**
포인트로	교환할 수	있어요.

えいご 영어   はなす 1 (말)하다   スケボー 스케이트보드   のる 1 타다   パンケーキ 팬케이크   てぶくろ 장갑   あむ 1 뜨다
ポイント 포인트   こうかんする 3 교환하다

Step 2
이번에는 우리말만 보고 패턴 사용해 문장 말해보기

기타를 칠 수 있어요.　　　ギターを ひくことが できます。

영어를 할 수 있어요.

스케이트보드를 탈 수 있어요.

팬케이크를 만들 수 있어요.

장갑을 뜰 수 있어요.

포인트로 교환할 수 있어요.

Step 3
패턴이 들어간 실제 회화 따라 말해보기

할 수 있는 외국어가 있는지 묻는 사람에게
영어를 할 수 있다고 말할 때

스즈키
　　데 끼 루　　가 이 코 꾸 고 가　　아 리 마 스 까
　　できる　　がいこくごが　　ありますか。
　　할 수 있는　　외국어가　　　　　있나요?

타나카
　　하 이　　에 - 고 오　　스 코 시　　하 나 스 코 또 가　　데 끼 마 스
　　はい。 えいごを　すこし　はなすことが　できます。
　　네.　　영어를　　조금　　할 수　　　　　있어요.

Day 48

어떤 일을 하러 가는지 말하는 に 패턴

야구를 보러 가요.

やきゅうを	+	みる	+	に	+	いきます
야구를		보		러		가요

야큐ー오 　 미로 　 니 　 이키마스

やきゅう 야구

무엇을 하러 가는지 이야기할 때 사용하는 패턴이에요. ~に(~하러) 앞에 이동하는 목적을 넣어 말해 보세요. 이때, に 앞의 동사는 ます 패턴과 쓰일 때와 똑같은 방식으로 바꿔서 사용해요!
* ます 패턴은 p.74~79에서 확인할 수 있어요!

Step 1
패턴이 사용된 문장 따라 말해보기

파ー마오　카케니　이키마스
パーマを　かけに　いきます。
파마를　하러　가요.

홍오　카에시니　키마시따
ほんを　かえしに　きました。
책을　돌려주러　왔어요.

타꾸하이오　토리니　이끼마시따
たくはいを　とりに　いきました。
택배를　가지러　갔어요.

이구스리오　카이니　키마시따
いぐすりを　かいに　きました。
소화제를　사러　왔어요.

켄사켁까오　키키니　이키마스
けんさけっかを　ききに　いきます。
검사 결과를　들으러　가요.

パーマをかける 2 파마를 하다　かえす 1 돌려주다　たくはい 택배　とる 1 가지다　いぐすり 소화제　けんさ 검사　けっか 결과

Step 2
이번에는 우리말만 보고 패턴 사용해 문장 말해보기

| 야구를 보러 가요. | やきゅうを みに いきます。 |

파마를 하러 가요.

책을 돌려주러 왔어요.

택배를 가지러 갔어요.

소화제를 사러 왔어요.

검사 결과를 들으러 가요.

Step 3
패턴이 들어간 실제 회화 따라 말해보기

왜 병원에 가는지 묻는 사람에게
검사 결과를 들으러 간다고 말할 때

스즈키
びょういんは　どうして　いきますか。
뵤 - 잉 와　도 - 시떼　이끼마스 까
병원은　왜　가나요?

타나카
このまえの　けんさけっかを　ききに　いきます。
코노마에노　켄사켁까오　키키니　이끼마스
요전번의　검사 결과를　들으러　가요.

どうして 왜, 어째서 　このまえ 요전번

Day 49

상대에게 제안하는 ましょう 패턴
마 쇼-

슬슬 집에 돌아가요.

MP3바로 듣기

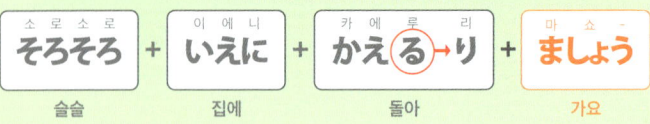

そろそろ	+	いえに	+	かえる→り	+	ましょう
슬슬		집에		돌아		가요

そろそろ 슬슬

상대에게 어떤 것을 제안할 때 사용하는 패턴이에요. ~ましょう(~해요/합시다) 앞에 상대와 함께 하고 싶은 일을 넣어 말해 보세요. 이때, ましょう 앞의 동사는 ます 패턴과 쓰일 때와 똑같은 방식으로 바꿔서 사용해요!
* ます 패턴은 p.74~79에서 확인할 수 있어요!

Step 1
패턴이 사용된 문장 따라 말해보기

마타 카이모노니 이끼 마 쇼-
また　かいものに　いきましょう。
또　　쇼핑하러　　　가요.

쵿또 스-파-니 요리 마 쇼-
ちょっと　スーパーに　よりましょう。
잠깐　　슈퍼에　　　들러요.

요지니 데파-또데 아이 마 쇼-
4じに　デパートで　あいましょう。
4시에　백화점에서　　만나요.

콩게쯔마데 코로모가에오 시 마 쇼-
こんげつまで　ころもがえを　しましょう。
이번 달까지　　옷 정리를　　해요.

> 계절이 바뀔 때 하는 옷 정리를 ころもがえ(코로모가에)라고 해요!

잇쇼니 오사께오 노미 마 쇼-
いっしょに　おさけを　のみましょう。
같이　　　술을　　　마셔요.

また 또　かいもの 쇼핑　スーパー 슈퍼　よる1 들르다　4じ 4시　デパート 백화점　あう1 만나다　こんげつ 이번 달
ころもがえ 옷 정리　いっしょに 같이　おさけ 술

Step 2
이번에는 우리말만 보고 패턴 사용해 문장 말해보기

| 슬슬 집에 돌아가요. | そろそろ いえに かえりましょう。 |

또 쇼핑하러 가요.

잠깐 슈퍼에 들러요.

4시에 백화점에서 만나요.

이번 달까지 옷 정리를 해요.

같이 술을 마셔요.

Step 3
패턴이 들어간 실제 회화 따라 말해보기

어디서 만날지 묻는 상대방에게
약속 장소를 제안할 때

스즈키: あしたは どこで あいますか。
아시따와 도꼬데 아이마스까
내일은 어디서 만날까요?

타나카: 4じに デパートで あいましょう。
요지니 데파-또데 아이마쇼-
4시에 백화점에서 만나요.

Day 50

내가 하고 싶은 일을 말하는 たいです 패턴

도시에서 살고 싶어요.

とかいで + くら<s>す</s>→し + たいです
도시에서 / 살 / 고 싶어요

とかい 도시　くらす 1 살다

내가 하고 싶은 일을 말할 때 사용하는 패턴이에요. ~たいです(~하고 싶어요) 앞에 하고 싶은 일들을 넣어 말해 보세요. 이때, たいです 앞의 동사는 ます 패턴과 쓰일 때와 똑같은 방식으로 바꿔서 사용해요!
*ます 패턴은 p.74~79에서 확인할 수 있어요!

🔊 Step 1
패턴이 사용된 문장 따라 말해보기

ゆうえんちで　あそびたいです。
놀이공원에서　놀고 싶어요.

やまで　キャンプしたいです。
산에서　캠핑하고 싶어요.

かいせきりょうりが　たべたいです。
가이세키 요리가　먹고 싶어요.

> ~たいです(라이데스) 앞에 목적어가 올 때 ~を(오) 대신 ~が(가)를 사용해요!

ライブを　かみせきで　みたいです。
라이브를　좋은 자리에서　보고 싶어요.

> かみ(카미)는 '신', せき(세키)는 '자리'라는 뜻이에요. 공연의 명당자리를 가리키는 표현이에요!

ドイツで　りゅうがくしたいです。
독일에서　유학하고 싶어요.

ゆうえんち 놀이공원　やま 산　キャンプ 캠핑　かいせきりょうり 가이세키 요리　ライブ 라이브　かみせき 좋은 자리　ドイツ 독일
りゅうがく 유학

Step 2
이번에는 우리말만 보고 패턴 사용해 문장 말해보기

도시에서 살고 싶어요.　　とかいで くらしたいです。

놀이공원에서 놀고 싶어요.

산에서 캠핑하고 싶어요.

가이세키 요리가 먹고 싶어요.

라이브를 좋은 자리에서 보고 싶어요.

독일에서 유학하고 싶어요.

Step 3
패턴이 들어간 실제 회화 따라 말해보기

휴일에 뭐할지 묻는 사람에게
하고 싶은 일을 말할 때

타나카　　やすみに　なにを　しましょうか。
　　　　　야스미니　나니오　시마쇼-까
　　　　　휴일에　　무엇을　　할까요?

스즈키　　ひさしぶりに　やまで　キャンプしたいです。
　　　　　히사시부리니　야마데　캼뿌시타이데스
　　　　　오랜만에　　　산에서　캠핑하고 싶어요.

ひさしぶりに 오랜만에

Day 51

다른 사람이 하고 싶어 하는 일을 말하는 たがっています 패턴

그는 골프를 배우고 싶어 해요.

_{카 레 와} かれは (그는) + _{고 루 후 오} ゴルフを (골프를) + _{마 나 부 비} まな ぶ→び (배우) + _{따 갇 떼이마스} たがっています (고 싶어 해요)

ゴルフ 골프 まなぶ1 배우다

다른 사람이 하고 싶어 하는 일을 말할 때 사용하는 패턴이에요. ~たがっています(~하고 싶어 해요) 앞에 다른 사람이 하고 싶어 하는 일들을 넣어 말해 보세요. 이때, たがっています 앞의 동사는 ます 패턴과 쓰일 때와 똑같은 방식으로 바꿔서 사용해요!
* ます 패턴은 p.74~79에서 확인할 수 있어요!

🔊 Step 1
패턴이 사용된 문장 따라 말해보기

_{아 네 와} あねは (언니는) _{바 이 또 오} バイトを (아르바이트를) _{시 따 갇 떼 이 마 스} したがっています。 하고 싶어 해요.

> 아르바이트는 アルバイト(아루바이또)라고도 해요!

_{이 - 지 마 상 와} いいじまさんは (이이지마 씨는) _{카 이 가 이 데} かいがいで (해외에서) _{하 따라끼 따 갇 떼 이 마 스} はたらきたがっています。 일하고 싶어 해요.

_{카 레 와} かれは (그는) _{이 에 니} いえに (집에) _{카 에 리 따 갇 떼 이 마 스} かえりたがっています。 가고 싶어 해요.

_{메 - 와} めいは (조카는) _{단 스 오} ダンスを (춤을) _{마 나 비 따 갇 떼 이 마 스} まなびたがっています。 배우고 싶어 해요.

_{카 노 죠 와} かのじょは (그녀는) _{부 이 로 구 오} ブイログを (브이로그를) _{토 리 따 갇 떼 이 마 스} とりたがっています。 찍고 싶어 해요.

あね 언니 バイト 아르바이트 かいがい 해외 はたらく1 일하다 めい (여자)조카

Step 2
이번에는 우리말만 보고 패턴 사용해 문장 말해보기

그는 골프를 배우고 싶어 해요. 🎤 かれは ゴルフを まなびたがっています。

언니는 아르바이트를 하고 싶어 해요. 🎤

이이지마 씨는 해외에서 일하고 싶어 해요. 🎤

그는 집에 가고 싶어 해요. 🎤

조카는 춤을 배우고 싶어 해요. 🎤

그녀는 브이로그를 찍고 싶어 해요. 🎤

Step 3
패턴이 들어간 실제 회화 따라 말해보기

💬 아르바이트 경험이 많은 상대에게
언니가 아르바이트를 하고 싶어 한다고 말할 때

스즈키
아 네 와   바 이 또 오   시 따 갈 떼 이 마 스
あねは　バイトを　したがっています。
언니는　아르바이트를　하고 싶어 해요.

타나카
요 이   바 이 또 사 키   쇼 - 카 이 시 마 쇼 - 까
よい　バイトさき、しょうかいしましょうか。
좋은　아르바이트 자리,　소개해 줄까요?

バイトさき 아르바이트 자리

Day 52

지나친 행동을 후회하는 **すぎました** 패턴
스 기 마 시 따

돈을 너무 많이 썼어요.

MP3바로 듣기

おかねを	+	つかう→い	+	すぎました
오 카 네 오		츠 까 우 이		스 기 마 시 따
돈을		너무 많이 썼		어요

おかね 돈 つかう 1 쓰다

어떤 행동을 지나치게 많이 해서 후회할 때 사용하는 패턴이에요. ~**すぎました**(너무 많이 ~했어요) 앞에 너무 많이 해서 후회하는 일을 넣어 말해 보세요. 이때, **すぎました** 앞의 동사는 **ます** 패턴과 쓰일 때와 똑같은 방식으로 바꿔서 사용해요!
* **ます** 패턴은 p.74~79에서 확인할 수 있어요!

 Step 1
패턴이 사용된 문장 따라 말해보기

시 오 오   이 레 스 기 마 시 따
しおを　いれすぎました。
소금을　　너무 많이 넣었어요.

마 에 가 미 오   키 리 스 기 마 시 따
まえがみを　きりすぎました。
앞머리를　　너무 많이 잘랐어요.

쿄 - 와   네 스 기 마 시 따
きょうは　ねすぎました。
오늘은　　너무 많이 잤어요.

게 - 무 오   야 리 스 기 마 시 따
ゲームを　やりすぎました。
게임을　　너무 많이 했어요.

샤 싱 오   카 코 - 시 스 기 마 시 따
しゃしんを　かこうしすぎました。
사진을　　너무 많이 보정했어요.

しお 소금 まえがみ 앞머리 きる 1 자르다 かこうする 3 보정하다

Step 2
이번에는 우리말만 보고 패턴 사용해 문장 말해보기

| 돈을 너무 많이 썼어요. | 🎤 | おかねを つかいすぎました。 |

소금을 너무 많이 넣었어요.

앞머리를 너무 많이 잘랐어요.

오늘은 너무 많이 잤어요.

게임을 너무 많이 했어요.

사진을 너무 많이 보정했어요.

Step 3
패턴이 들어간 실제 회화 따라 말해보기

💬 몸 상태를 걱정해주는 상대에게
밤에 게임을 너무 많이 한 것을 후회하며 말할 때

스즈키 だいじょうぶですか。
다이죠-부데스까
괜찮아요?

타나카 きのうの よる、ゲームを やりすぎました。
키노-노 요루 게-무오 야리스기마시따
어제 밤, 게임을 너무 많이 했어요.

だいじょうぶだ 괜찮다

일본어도 역시, **해커스일본어**
japan.Hackers.com

5장

계획과 가능성을 말하는 패턴

해커스 왕초보 일본어회화 10분의 기적
기초패턴으로 말하기

Day 53 스트레칭을 하도록 할게요.
앞으로 실천할 행동을 말하는 ようにします 패턴

Day 54 사람이 많아서 기다릴 수밖에 없어요.
어쩔 수 없다고 말하는 しかないです 패턴

Day 55 그녀는 인플루언서가 되었어요.
변화를 말하는 になりました 패턴

Day 56 다이어트를 할 생각이에요.
마음 속 계획을 말하는 つもりです 패턴

Day 57 서울로 이사하기로 했어요.
내가 결정한 일을 말하는 ことにしました 패턴

Day 58 티켓이 매진될지도 몰라요.
확신 없이 가능성을 말하는 かもしれません 패턴

Day 59 내일은 맑을 거예요.
확신하며 추측하는 でしょう 패턴

Day 60 입원을 하게 되었어요.
타의에 의해 결정된 일을 말하는 ことになりました 패턴

Day 61 이 길은 헷갈리기 쉬워요.
일어나기 쉬운 일을 말하는 やすいです 패턴

Day 62 최근 일에 집중하기 어려워요.
일어나기 어려운 일을 말하는 にくいです 패턴

Day 63 풋살을 하기 시작했어요.
시작한 일을 말하는 はじめました 패턴

Day 64 그 애니를 드디어 다 봤어요.
완료된 일을 말하는 おわりました 패턴

Day 65 이제 곧 단풍이 시작될 것 같아요.
상황을 보고 직감적으로 판단하는 そうです 패턴

Day 53

앞으로 실천할 행동을 말하는 **ようにします** 패턴
(요-니시마스)

스트레칭을 하도록 할게요.

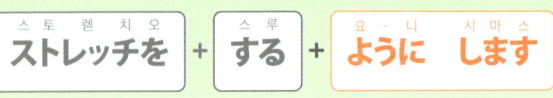

ストレッチを	+	する	+	ように します
스트레칭을		하		도록 할게요

ストレッチ 스트레칭

잘못된 행동을 반성하고 앞으로는 이렇게 하겠다며 개선 의지를 나타낼 때 사용하는 패턴이에요. **~ようにします**(~하도록 할게요) 앞에 내가 앞으로 실천할 행동을 넣어 말해 보세요.

Step 1
패턴이 사용된 문장 따라 말해보기

세 - 까쯔히오   세쯔야꾸스루 요-니 시마스
せいかつひを　せつやくするように　します。
생활비를　　　　절약하도록　　　　할게요.

야사이오　타베루 요-니　시마스
やさいを　たべるように　します。
야채를　　먹도록　　　할게요.

오지-상니　　　렌 라꾸스루 요-니　시마스
おじいさんに　れんらくするように　します。
할아버지에게　　연락하도록　　　　할게요.

메-루니　　헨 신 스루 요-니　시마스
メールに　へんしんするように　します。
메일에　　답장하도록　　　　할게요.

지 깡 오　마모루 요-니　시마스
じかんを　まもるように　します。
시간을　　지키도록　　　할게요.

せいかつひ 생활비　せつやく 절약　おじいさん 할아버지　へんしん 답장　まもる 1 지키다

Step 2
이번에는 우리말만 보고 패턴 사용해 문장 말해보기

| 스트레칭을 하도록 할게요. | ストレッチを するように します。 |

| 생활비를 절약하도록 할게요. | |

| 야채를 먹도록 할게요. | |

| 할아버지에게 연락하도록 할게요. | |

| 메일에 답장하도록 할게요. | |

| 시간을 지키도록 할게요. | |

Step 3
패턴이 들어간 실제 회화 따라 말해보기

늦었다고 화내는 상대에게
반성하며 앞으로는 시간을 지키겠다고 말할 때

스즈키
마 찌 아 와 세   쥬 - 지 데 시 따 요
まちあわせ、10 じでしたよ。
약속,　　　　　10시였어요.

타나카
스 미 마 셍   코 레 까 라 와   지 깡 오   마 모 루 요 - 니   시 마 스
すみません。これからは じかんを まもるように します。
죄송해요.　　앞으로는　　　시간을　　지키도록　　할게요.

まちあわせ 약속　これから 앞으로

Day 54

어쩔 수 없다고 말하는 しかないです 패턴

사람이 많아서 기다릴 수밖에 없어요.

ひとが (사람이) + おおくて (많아서) + まつ (기다릴) + しかないです (수밖에 없어요)

おおい 많다   まつ1 기다리다

어쩔 수 없다고 말할 때 사용하는 패턴이에요. ~しかないです(~할 수밖에 없어요) 앞에 의지와는 달리 그렇게 할 수밖에 없었던 일을 넣어 말해 보세요.

Step 1
패턴이 사용된 문장 따라 말해보기

あつくて エアコンを つけるしかないです。
더워서 에어컨을 켤 수밖에 없어요.

> 두 가지 느낌을 나타내는 な형용사의 で, い형용사의 くて 패턴은 '~해서'라는 뜻으로도 사용할 수 있어요!

からだが だるくて やすむしかないです。
몸이 나른해서 쉴 수밖에 없어요.

ポーチが かわいくて かうしかないです。
파우치가 귀여워서 살 수밖에 없어요.

あめが ひどくて タクシーを よぶしかないです。
비가 심하게 내려서 택시를 부를 수밖에 없어요.

がいしょくが たかくて べんとうを つくるしかないです。
외식이 비싸서 도시락을 만들 수밖에 없어요.

エアコン 에어컨   つける 2 켜다   からだ 몸   だるい 나른하다   ひどい 심하다   よぶ1 부르다   がいしょく 외식   べんとう 도시락

Step 2
이번에는 우리말만 보고 패턴 사용해 문장 말해보기

사람이 많아서 기다릴 **수밖에 없어요**. 　　ひとが　おおくて　まつ**しかないです**。

더워서 에어컨을 켤 **수밖에 없어요**.

몸이 나른해서 쉴 **수밖에 없어요**.

파우치가 귀여워서 살 **수밖에 없어요**.

비가 심하게 내려서 택시를 부를 **수밖에 없어요**.

외식이 비싸서 도시락을 만들 **수밖에 없어요**.

Step 3
패턴이 들어간 실제 회화 따라 말해보기

 인기 많은 가게라고 말하는 사람에게
어쩔 수 없이 기다려야 한다고 말할 때

타나카　　코꼬　　사이킹　　닝끼노　　미세다소-데스
　　　　ここ、さいきん　にんきの　みせだそうです。
　　　　여기,　　　요즘　　　인기인　　　가게라고 해요.

스즈키　　히또가　　오-쿠떼　　마쯔시카나이데스
　　　　ひとが　おおくて　まつしかないです。
　　　　사람이　　　많아서　　　기다릴 수밖에 없어요.

にんき 인기　**みせ** 가게

Day 55

변화를 말하는 になりました 패턴

그녀는 인플루언서가 되었어요.

카노죠와 / かのじょは (그녀는) + 인후루엔사- / インフルエンサー (인플루언서) + 니 나리마시따 / に なりました (가 되었어요)

インフルエンサー 인플루언서

신분이나 상태 등의 변화를 말할 때 사용하는 패턴이에요. ～になりました(~가 되었어요) 앞에 변화에 대한 내용을 넣어 말해 보세요.

Step 1
패턴이 사용된 문장 따라 말해보기

쿄- 산쥬-로꾸 사이 니 나리마시따
きょう 36さいに なりました。
오늘 36살이 되었어요.

코-하이와 캉고시니 나리마시따
こうはいは かんごしに なりました。
후배는 간호사가 되었어요.

하루카 상 가 부쬬-니 나리마시따
はるかさんが ぶちょうに なりました。
하루카 씨가 부장이 되었어요.

모- 아키니 나리마시따
もう あきに なりました。
벌써 가을이 되었어요.

사이코-노 오모이데니 나리마시따
さいこうの おもいでに なりました。
최고의 추억이 되었어요.

こうはい 후배 かんごし 간호사 ぶちょう 부장 もう 벌써 あき 가을 さいこう 최고 おもいで 추억

Step 2
이번에는 우리말만 보고 패턴 사용해 문장 말해보기

| 그녀는 인플루언서가 되었어요. | かのじょは インフルエンサーに なりました。 |

오늘 36살이 되었어요.

후배는 간호사가 되었어요.

하루카 씨가 부장이 되었어요.

벌써 가을이 되었어요.

최고의 추억이 되었어요.

Step 3
패턴이 들어간 실제 회화 따라 말해보기

드라마 <도망치는 건 부끄럽지만 도움이 된다>에서
나이의 변화를 말할 때

츠자키
쿄 - 산쥬-로쿠 사 이 니   나 리 마 시 따
きょう ３６さいに なりました。
오늘 36살이 되었어요.

히노
헤 -   오 메 데 또 -
へえ～ おめでとう～。
와~   축하해~

Day 56

마음 속 계획을 말하는 **つもりです** 패턴

다이어트를 할 생각이에요.

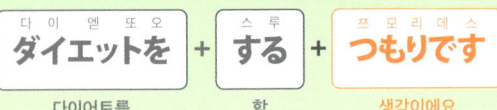

ダイエット 다이어트

계획을 말할 때 사용하는 패턴이에요. 확정되지는 않았지만 마음속에서 생각하고 있는 일들을 말할 때 주로 사용해요. ~つもりです(~할 생각이에요) 앞에 내가 하려고 생각 중인 일들을 넣어 말해 보세요.

Step 1
패턴이 사용된 문장 따라 말해보기

_{히 토 리 구 라 시 오}　　_{하 지 메 루 쯔 모 리 데 스}
ひとりぐらしを　はじめるつもりです。
자취를　　　　　　시작할 생각이에요.

_{사 부 스 쿠 오}　　_{카 이 야 꾸 스 루 쯔 모 리 데 스}
サブスクを　かいやくするつもりです。
구독 서비스를　　　해지할 생각이에요.

_{코 노　미 세 와　우 루 쯔 모 리 데 스}
この　みせは　うるつもりです。
이　　가게는　　팔 생각이에요.

_{하 야 꾸　오 끼 루 쯔 모 리 데 스}
はやく　おきるつもりです。
일찍　　일어날 생각이에요.

_{코 - 무 인 시 껭 오　　쥼 비 스 루 쯔 모 리 데 스}
こうむいんしけんを　じゅんびするつもりです。
공무원 시험을　　　　준비할 생각이에요.

ひとりぐらし 자취　はじめる 2 시작하다　サブスク 구독 서비스　かいやく 해지　うる 1 팔다　はやく 일찍　おきる 2 일어나다
こうむいんしけん 공무원 시험

Step 2
이번에는 우리말만 보고 패턴 사용해 문장 말해보기

다이어트를 할 생각이에요. → ダイエットを するつもりです。

자취를 시작할 생각이에요.

구독 서비스를 해지할 생각이에요.

이 가게는 팔 생각이에요.

일찍 일어날 생각이에요.

공무원 시험을 준비할 생각이에요.

Step 3
패턴이 들어간 실제 회화 따라 말해보기

드라마 <츠바키 문구점 ~가마쿠라 대서사 이야기~>에서
상대에게 내 계획을 말할 때

시라카와: この みせを つぐ つもりは ない?
코노 미세오 츠구 쯔모리와 나이
이 가게를 이을 생각은 없어?

아메미야: いいえ、この みせは うるつもりです。
이-에 코노 미세와 우루 쯔모리데스
아니요, 이 가게는 팔 생각이에요.

つぐ 1 잇다

Day 57

내가 결정한 일을 말하는 ことにしました 패턴

서울로 이사하기로 했어요.

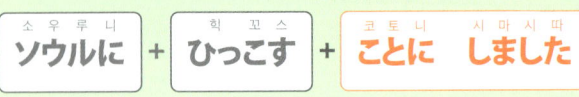

ソウルに	+	ひっこす	+	ことに しました
서울로		이사하		기로 했어요

ひっこす 1 이사하다

내가 하기로 결정한 일을 말할 때 사용하는 패턴이에요. ～ことにしました(~하기로 했어요) 앞에 스스로 결정한 사항을 넣어 말해 보세요.

Step 1
패턴이 사용된 문장 따라 말해보기

マラソンに でることに しました。
마라톤에 나가기로 했어요.

ヨガきょうしつに かようことに しました。
요가 학원에 다니기로 했어요.

せんこうを かえることに しました。
전공을 바꾸기로 했어요.

がいしょくを へらすことに しました。
외식을 줄이기로 했어요.

ゲストハウスに とまることに しました。
게스트 하우스에 묵기로 했어요.

マラソン 마라톤   ヨガきょうしつ 요가 학원   かよう 1 다니다   せんこう 전공   かえる 2 바꾸다   がいしょく 외식   へらす 1 줄이다   とまる 1 묵다

Step 2
이번에는 우리말만 보고 패턴 사용해 문장 말해보기

| 서울로 이사하기로 했어요. | ソウルに ひっこすことに しました。 |

마라톤에 나가기로 했어요.

요가 학원에 다니기로 했어요.

전공을 바꾸기로 했어요.

외식을 줄이기로 했어요.

게스트 하우스에 묵기로 했어요.

Step 3
패턴이 들어간 실제 회화 따라 말해보기

여행지에서의 숙소를 묻는 사람에게
게스트 하우스에서 묵기로 결정했다고 말할 때

타나카
こんどは　どこに　とまりますか。
콘도와　도꼬니　토마리마스까
이번에는　어디에　묵어요?

스즈키
えきの　ちかくに　ある　ゲストハウスに　とまることに　しました。
에끼노　치까쿠니　아루　게스또하우스니　토마루코토니　시마시따
역　근처에　있는　게스트 하우스에　묵기로　했어요.

ちかく 근처

Day 58

확신 없이 가능성을 말하는 かもしれません 패턴
까모시레마셍

티켓이 매진될지도 몰라요.

チケットが	+	うりきれる	+	かもしれません
치켙또가		우리끼레루		까모시레마셍
티켓이		매진될		지도 몰라요

チケット 티켓 うりきれる 2 매진되다

가능성이 있는 미래의 일을 추측할 때 사용하는 패턴이에요. 확신 없는 가벼운 추측을 말할 때 사용해요. ～かもしれません(~할지도 몰라요) 앞에 추측한 내용을 넣어 말해 보세요.

Step 1
패턴이 사용된 문장 따라 말해보기

ゆきが つもるかもしれません。
유끼가 츠모루 까모시레마셍
눈이   쌓일지도 몰라요.

みちが こむかもしれません。
미찌가 코무 까모시레마셍
길이   막힐지도 몰라요.

せいせきが あがるかもしれません。
세-세키가   아가루 까모시레마셍
성적이   오를지도 몰라요.

ゲームで まけるかもしれません。
게-무데   마께루 까모시레마셍
게임에서 질지도 몰라요.

しゅうでんに のりおくれるかもしれません。
슈-덴니   노리오꾸레루 까모시레마셍
막차를   놓칠지도 몰라요.

ゆき 눈 つもる 1 쌓이다 こむ 1 막히다 せいせき 성적 ゲーム 게임 まける 2 지다 しゅうでん 막차 のりおくれる 2 놓치다

Step 2
이번에는 우리말만 보고 패턴 사용해 문장 말해보기

티켓이 매진될지도 몰라요. 　　チケットが うりきれるかもしれません。

눈이 쌓일지도 몰라요.

길이 막힐지도 몰라요.

성적이 오를지도 몰라요.

게임에서 질지도 몰라요.

막차를 놓칠지도 몰라요.

Step 3
패턴이 들어간 실제 회화 따라 말해보기

눈이 많이 올 거라고 하는 사람에게
눈이 쌓일 가능성이 있겠다고 말할 때

타나카
　　아 시 따　　유 끼 가　　탁　　상　　후 루 소 - 데 스
　　あした、ゆきが　たくさん　ふるそうです。
　　　내일,　　　눈이　　　많이　　　　내린대요.

스즈키
　　소 - 데 스 까　　유 끼 가　　츠 모 루 까 모 시 레 미 셍 네
　　そうですか。ゆきが　つもるかもしれませんね。
　　　그래요?　　　눈이　　　쌓일지도 모르겠네요.

たくさん 많이 　ふる 1 (눈, 비가) 내리다

Day 59

확신하며 추측하는 でしょう^{데 쇼-} 패턴

내일은 맑을 거예요.

あした^{아시따}は + はれる^{하레루} + でしょう^{데쇼-}
내일은   맑을   거예요

はれる 2 맑다

주관적인 경험을 토대로 확신을 가지고 추측할 때 사용하는 패턴이에요. 단정해서 말하는 것을 피할 때 주로 사용해요. ~でしょう(~거예요) 앞에 내가 추측한 내용을 넣어 말해 보세요.

Step 1
패턴이 사용된 문장 따라 말해보기

やくそくじかんに^{야쿠소꾸지 깐 니} まにあう^{마니아우}でしょう^{데 쇼-}。
약속 시간에   늦지 않을 거예요.

いいリーダーに^{이 - 리 - 다 - 니} なる^{나루}でしょう^{데 쇼-}。
좋은 리더가   될 거예요.

この^{코노} きょくは^{쿄 꾸 와} はやる^{하야루}でしょう^{데 쇼-}。
이   곡은   유행할 거예요.

ひとりせたいが^{히 또리세 타 이 가} ふえる^{후에루}でしょう^{데 쇼-}。
1인 가구가   늘어날 거예요.

ゆめは^{유 메 와} かなう^{카 나 우}でしょう^{데 쇼-}。
꿈은   이루어질 거예요.

やくそく 약속　まにあう 1 늦지 않다　きょく 곡　ひとりせたい 1인 가구　ふえる 2 늘어나다　ゆめ 꿈　かなう 1 이루어지다

Step 2
이번에는 우리말만 보고 패턴 사용해 문장 말해보기

| 내일은 맑을 거예요. | あしたは はれるでしょう。 |

약속 시간에 늦지 않을 거예요.

좋은 리더가 될 거예요.

이 곡은 유행할 거예요.

1인 가구가 늘어날 거예요.

꿈은 이루어질 거예요.

Step 3
패턴이 들어간 실제 회화 따라 말해보기

새로 나온 곡을 함께 듣고 있는 상대에게
이 곡은 히트할 거라고 추측하여 말할 때

타나카
스고꾸 이- 쿄꾸데스네
すごく いい きょくですね。
엄청 좋은 곡이네요.

스즈키
코노 쿄꾸와 하야루데쇼-
この きょくは はやるでしょう。
이 곡은 유행할 거예요.

すごく 엄청

Day 60

타의에 의해 결정된 일을 말하는 ことになりました 패턴
코토니 나리마시따

입원을 하게 되었어요.

MP3 바로 듣기

にゅういんを + する + ことに なりました
입원을   하   게 되었어요

にゅういん 입원

결정된 일을 말할 때 사용하는 패턴이에요. 특히 나의 의지와는 상관없이 결정된 일에 주로 사용해요. ~ことになりました(~하게 되었어요) 앞에 결정된 일을 넣어 말해 보세요.

 Step 1
패턴이 사용된 문장 따라 말해보기

오-사카니 카에루 코토니 나리마시따
おおさかに かえることに なりました。
오사카에   돌아가게   되었어요.

테레와-쿠오 스루 코토니 나리마시따
テレワークを することに なりました。
재택근무를   하게   되었어요.

가이코꾸데 쿠라스 코토니 나리마시따
がいこくで くらすことに   なりました。
외국에서   살게   되었어요.

닛떼-오 헹꼬-스루 코토니 나리마시따
にっていを へんこうすることに なりました。
일정을   변경하게   되었어요.

카노죠또 와까레루 코토니 나리마시따
かのじょと わかれることに なりました。
그녀와   헤어지게   되었어요.

テレワーク 재택근무　がいこく 외국　にってい 일정　へんこう 변경　わかれる 2 헤어지다

Step 2
이번에는 우리말만 보고 패턴 사용해 문장 말해보기

입원을 하게 되었어요.　　にゅういんを　することに　なりました。

오사카에 돌아가게 되었어요.

재택근무를 하게 되었어요.

외국에서 살게 되었어요.

일정을 변경하게 되었어요.

그녀와 헤어지게 되었어요.

Step 3
패턴이 들어간 실제 회화 따라 말해보기

🎬 영화 <HERO>에서
결정된 일을 상대에게 말할 때

다무라　　あした、　しんかんせんで　　おおさかに　　かえることに　なりました。
　　　　　아시따,　싱칸센데　　　　　오-사카니　　카에루코토니　나리마시따
　　　　　내일,　신칸센으로　　　　　오사카에　　돌아가게　　 되었어요.

스에츠구　え、もう　かえるの？
　　　　　에, 모-　카에루노
　　　　　엇, 벌써　돌아가는 거야?

Day 61

일어나기 쉬운 일을 말하는 やすいです 패턴

이 길은 헷갈리기 쉬워요.

この	+	みちは	+	まちが う → い	+	やすいです
이		길은		헷갈리		기 쉬워요

まちがう 1 헷갈리다

일어날 가능성이 높은 일 또는 하기 쉬운 일을 말할 때 사용하는 패턴이에요. ~やすいです(~하기 쉬워요) 앞에 일어나기 쉬운 일, 하기 쉬운 일을 넣어 말해 보세요. 이때, やすいです 앞의 동사는 ます 패턴과 쓰일 때와 똑같은 방식으로 바꿔서 사용해요!
* ます 패턴은 p.74~79에서 확인할 수 있어요!

Step 1
패턴이 사용된 문장 따라 말해보기

ゆきの　ひは　すべりやすいです。
눈 오는　날에는　미끄러지기 쉬워요.

いちごの　ケーキは　つくりやすいです。
딸기　케이크는　만들기 쉬워요.

あの　しょくぶつは　そだてやすいです。
그　식물은　기르기 쉬워요.

この　アプリは　つかいやすいです。
이　앱은　사용하기 쉬워요.

ワイヤレスイヤホンは　おとしやすいです。
무선 이어폰은　잃어버리기 쉬워요.

すべる 1 미끄러지다　いちご 딸기　ケーキ 케이크　しょくぶつ 식물　そだてる 2 기르다　アプリ 앱　つかう 1 사용하다
ワイヤレスイヤホン 무선 이어폰

Step 2
이번에는 우리말만 보고 패턴 사용해 문장 말해보기

이 길은 헷갈리기 쉬워요. 　　この みちは まちがいやすいです。

눈 오는 날에는 미끄러지기 쉬워요.

딸기 케이크는 만들기 쉬워요.

그 식물은 기르기 쉬워요.

이 앱은 사용하기 쉬워요.

무선 이어폰은 잃어버리기 쉬워요.

Step 3
패턴이 들어간 실제 회화 따라 말해보기

눈길을 걷는 사람에게
눈길에서 일어나기 쉬운 일에 대해 말할 때

타나카　ゆきの ひは すべりやすいです。 きをつけましょう。
　　　　유끼노　히와　스베리야스이데스　키오쯔케마쇼-
　　　　눈 오는　날은　미끄러지기 쉬워요.　조심합시다.

스즈키　はい、きをつけます。
　　　　하이　키오쯔케마스
　　　　네,　조심할게요.

きをつける 2 조심하다

Day 62
최근 일에 집중하기 어려워요.

일어나기 어려운 일을 말하는 にくいです 패턴

MP3바로 듣기

さいきん	+	しごとに	+	しゅうちゅう する→し	+	にくいです
최근		일에		집중하		기 어려워요

しゅうちゅう 집중

일어나기 어렵거나 하기 어려운 일을 말할 때 사용하는 패턴이에요. ~にくいです(~하기 어려워요/잘 안 ~해요) 앞에 일어나기 어려운 일을 넣어 말해 보세요. 이때, にくいです 앞의 동사는 ます 패턴과 쓰일 때와 똑같은 방식으로 바꿔서 사용해요!
* ます 패턴은 p.74~79에서 확인할 수 있어요.

 Step 1
패턴이 사용된 문장 따라 말해보기

きょうじゅの せつめいが わかりにくいです。
교수님의 설명이 이해하기 어려워요.

その ブーツは あるきにくいです。
그 부츠는 걷기 어려워요.

じぶんの かんがえを いいにくいです。
제 생각을 말하기 어려워요.

せんぱいには そうだんしにくいです。
선배에게는 상담하기 어려워요.

に(~에)와 は(~와)를 함께 붙여 には(~에)와 '에게는'이라고 쓸 수 있어요!

しもんにんしょうが とおりにくいです。
지문 인식이 잘 안돼요.

きょうじゅ 교수(님) わかる 1 이해하다 ブーツ 부츠 じぶん 저, 자신 かんがえ 생각 いう 1 말하다 せんぱい 선배 そうだん 상담
しもんにんしょう 지문 인식 とおる 1 잘 되다, 통하다

Step 2
이번에는 우리말만 보고 패턴 사용해 문장 말해보기

| 최근 일에 집중하기 어려워요. | さいきん しごとに しゅうちゅうしにくいです。 |

교수님의 설명이 이해하기 어려워요.

그 부츠는 걷기 어려워요.

제 생각을 말하기 어려워요.

선배에게는 상담하기 어려워요.

지문 인식이 잘 안돼요.

Step 3
패턴이 들어간 실제 회화 따라 말해보기

수업이 어떤지 묻는 사람에게
설명이 이해하기 어렵다고 말할 때

타나카　케 - 에 - 가 꾸 노　쥬 쿄 - 와　도 - 데 스 까
　　　けいえいがくの　じゅぎょうは　どうですか。
　　　　경영학　　　　　수업은　　　　어때요?

스즈키　쿄 - 쥬 노　세 쯔 메 이 가　와 까 리 니 꾸 이 데 스
　　　きょうじゅの　せつめいが　わかりにくいです。
　　　　교수님의　　　설명이　　　　이해하기 어려워요.

けいえいがく 경영학　じゅぎょう 수업

Day 63

시작한 일을 말하는 はじめました 패턴
하지메마시따

풋살을 하기 시작했어요.

フットサルを	+	やる→り	+	はじめました
훗또사루오		야루 리		하지메마시따
풋살을		하		기 시작했어요

フットサル 풋살   やる 1 하다

어떤 일을 하기 시작했을 때 사용하는 패턴이에요. ~はじめました(~하기 시작했어요) 앞에 내가 시작한 일을 넣어 말해 보세요. 이때, はじめました 앞의 동사는 ます 패턴과 쓰일 때와 똑같은 방식으로 바꿔서 사용해요!
* ます 패턴은 p.74~79에서 확인할 수 있어요!

Step 1
패턴이 사용된 문장 따라 말해보기

いけばなを　ならいはじめました。
이케바나오　나라이 하지메마시따
꽃꽂이를　　 배우기 시작했어요.

しゃしんを　とりはじめました。
샤싱오　　 토리 하지메마시따
사진을　　　찍기 시작했어요.

J-POPを　ききはじめました。
제-폽뿌오　키키 하지메마시따
J-POP을　　듣기 시작했어요.

ブログを　かきはじめました。
부로구오　카끼 하지메마시따
블로그를　쓰기 시작했어요.

だいがくいんに　かよいはじめました。
다이가쿠인니　　카요이 하지메마시따
대학원에　　　　다니기 시작했어요.

いけばな 꽃꽂이　ならう 1 배우다　ブログ 블로그　かく 1 쓰다　だいがくいん 대학원

Step 2
이번에는 우리말만 보고 패턴 사용해 문장 말해보기

풋살을 하기 시작했어요.　　フットサルを やりはじめました。

꽃꽂이를 배우기 시작했어요.

사진을 찍기 시작했어요.

J-POP을 듣기 시작했어요.

블로그를 쓰기 시작했어요.

대학원에 다니기 시작했어요.

Step 3
패턴이 들어간 실제 회화 따라 말해보기

취미가 무엇인지 묻는 사람에게
새롭게 시작한 취미를 말할 때

타나카　　しゅみは　なんですか。
　　　　　슈　미　와　　난　데　스　까
　　　　　취미는　　　　뭐예요?

스즈키　　さいきん　しゃしんを　とりはじめました。
　　　　　사　이　낑　　샤　싱　오　　토　리　하　지　메　마　시　따
　　　　　최근　　　　사진을　　　　찍기 시작했어요.

Day 64

완료된 일을 말하는 おわりました^{오 와 리 마 시 따} 패턴

그 애니를 드디어 다 봤어요.

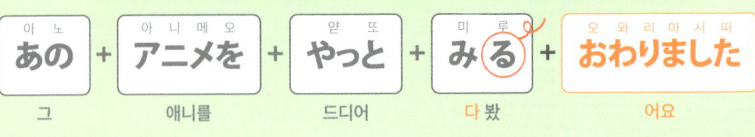

あの + アニメを + やっと + みる + おわりました
그   애니를   드디어   다 봤   어요

アニメ 애니 やっと 드디어

어떤 일이 다 끝났을 때 사용하는 패턴이에요. ~おわりました(다 ~했어요) 앞에 내가 다 끝낸 일을 넣어 말해 보세요. 이때, おわりました 앞의 동사는 ます 패턴과 쓰일 때와 똑같은 방식으로 바꿔서 사용해요!

* ます 패턴은 p.74~79에서 확인할 수 있어요!

 Step 1
패턴이 사용된 문장 따라 말해보기

エッセーを　やっと　よみおわりました。
에세이를　　드디어　　다 읽었어요.

ろんぶんを　ぶじ　かきおわりました。
논문을　　　무사히　다 썼어요.

ふくを　さっき　きがえおわりました。
옷을　　아까　　다 갈아입었어요.

べんとうを　たったいま　つくりおわりました。
도시락을　　방금　　　　다 만들었어요.

ほうこくしょを　すべて　けんとうしおわりました。
보고서를　　　　전부　　다 검토했어요.

エッセー 에세이   ろんぶん 논문   ぶじ 무사히   きがえる2 갈아입다   たったいま 방금   ほうこくしょ 보고서   すべて 전부
けんとう 검토

Step 2
이번에는 우리말만 보고 패턴 사용해 문장 말해보기

| 그 애니를 드디어 다 봤어요. | あの アニメを やっと みおわりました。 |

에세이를 드디어 다 읽었어요.

논문을 무사히 다 썼어요.

옷을 아까 다 갈아입었어요.

도시락을 방금 다 만들었어요.

보고서를 전부 다 검토했어요.

Step 3
패턴이 들어간 실제 회화 따라 말해보기

드라마 <소스 씨의 사랑>에서
옷 갈아입기를 완료했을 때

우노
후꾸오   키가에오와리마시따
ふくを　きがえおわりました。
옷을　　　다 갈아입었어요.

고토
아　요깓따　 핃따리네
あ、よかった。ぴったりね。
아,　다행이다.　　딱 맞네.

ぴったり 딱 맞음

Day 65

상황을 보고 직관적으로 판단하는 そうです(소-데스) 패턴

이제 곧 단풍이 시작될 것 같아요.

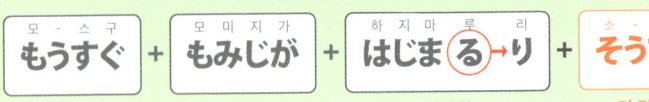

もうすぐ(모-스구) 이제 곧 + もみじが(모미지가) 단풍이 + はじま(る→り)(하지마루→리) 시작될 + そうです(소-데스) 것 같아요

もうすぐ 이제 곧 もみじ 단풍

곧 일어날 것 같은 일을 말할 때 사용하는 패턴이에요. 특히 내 직감을 토대로 말할 때 사용해요. ~そうです(~할 것 같아요) 앞에 미래에 대한 내 생각을 넣어 말해 보세요. 이때, そうです 앞의 동사는 ます 패턴과 쓰일 때와 똑같은 방식으로 바꿔서 사용해요!
* ます 패턴은 p.74~79에서 확인할 수 있어요!

 Step 1
패턴이 사용된 문장 따라 말해보기

すぐ　せきが　うまりそうです。
(스구)(세키가)(우마리 소-데스)
금방　자리가　찰 것 같아요.

そろそろ　こうえんが　はじまりそうです。
(소로소로)(코-엥가)(하지마리 소-데스)
슬슬　공연이　시작될 것 같아요.

もうすぐ　おじが　とうちゃくしそうです。
(모-스구)(오지가)(토-챠꾸시 소-데스)
이제 곧　삼촌이　도착할 것 같아요.

そのうち　バッテリーが　きれそうです。
(소노우찌)(밧떼리-가)(키레 소-데스)
조만간　배터리가　다 될 것 같아요.

かぶかが　さらに　あがりそうです。
(카부까가)(사라니)(아가리 소-데스)
주가가　더　오를 것 같아요.

すぐ 금방 うまる 1 차다 そろそろ 슬슬 こうえん 공연 おじ 삼촌 とうちゃく 도착 そのうち 조만간 バッテリー 배터리
きれる 2 다 되다 かぶか 주가 さらに 더, 더욱

Step 2
이번에는 우리말만 보고 패턴 사용해 문장 말해보기

이제 곧 단풍이 시작될 것 같아요.   もうすぐ もみじが はじまりそうです。

금방 자리가 찰 것 같아요.

슬슬 공연이 시작될 것 같아요.

이제 곧 삼촌이 도착할 것 같아요.

조만간 배터리가 다 될 것 같아요.

주가가 더 오를 것 같아요.

Step 3
패턴이 들어간 실제 회화 따라 말해보기

함께 공연을 보러 온 상대에게
곧 공연이 시작될 것 같다고 판단하여 말할 때

스즈키   そろそろ　こうえんが　はじまりそうです。
　　　　　소로소로　코-엥가　　하지마리소-데스
　　　　　슬슬　　　공연이　　　시작될 것 같아요.

타나카   じゃあ　はやく　せきに　つきましょう。
　　　　　쟈-　　하야꾸　세키니　츠끼마쇼-
　　　　　그럼　　빨리　　자리에　앉읍시다.

せきにつく 1 자리에 앉다

일본어도 역시, **해커스일본어**
japan.Hackers.com

6장

문장을 이어 말하는 패턴

해커스 왕초보 일본어회화 10분의 기적
기초패턴으로 말하기

Day 66 저녁을 만들기 위해 장을 봤어요.
목적을 말하는 ために 패턴

Day 67 교토를 여행해요. 그리고 고베도 가요.
여러 가지를 나열하는 そして 패턴

Day 68 야근했어요. 하지만 일이 끝나지 않았어요.
예상과 다른 결과를 말하는 でも 패턴

Day 69 공원이 가까워요. 그래서, 자주 가요.
원인을 말하는 だから 패턴

Day 70 목이 아파요. 게다가, 열도 있어요.
정보를 덧붙이는 それに 패턴

Day 66

목적을 말하는 ために 패턴
타 메 니

저녁을 만들기 위해 장을 봤어요.

ゆうしょくを　つくる	+	ために	+	かいものを　しました
유 쇼꾸오　츠꾸루		타 메 니		카 이 모 노 오　시 마 시 따
저녁을 만들기		위해		장을 봤어요

ゆうしょく 저녁(식사)　かいものをする 3 장을 보다

어떤 행동의 목적이나 이유를 설명할 때 사용하는 패턴이에요. ~ために (~위해) 앞에 뒤에 오는 행동의 목적이나 이유를 넣어 말해 보세요.

 **Step 1**
패턴이 사용된 문장 따라 말해보기

훼 스 오　　미 루 타 메 니　　뉴 - 죠 - 켄 오　　카 이 마 시 따
フェスを　みるために　にゅうじょうけんを　かいました。
페스티벌을　보기 위해　　　입장권을　　　　　샀어요.

코 - 히 - 오　　노 무 타 메 니　　오 유 오　　와 까 시 마 시 따
コーヒーを　のむために　おゆを　わかしました。
커피를　　　마시기 위해　물을　　끓였어요.

멘 세 쯔 니　　이 꾸 타 메 니　　스 - 쯔 오　　카 리 마 시 따
めんせつに　いくために　スーツを　かりました。
면접에　　　가기 위해　　정장을　　빌렸어요.

이 에 오　　카 우 타 메 니　　토 - 시 오　　시 마 스
いえを　かうために　とうしを　します。
집을　　사기 위해　　투자를　　해요.

후 란 스 고 오　　마 나 부 타 메 니　　와 - 호 리 니　　이 끼 마 스
フランスごを　まなぶために　ワーホリに　いきます。
프랑스어를　　배우기 위해　　워킹 홀리데이를　가요.

にゅうじょうけん 입장권　おゆ (따뜻한) 물　わかす 1 끓이다　スーツ 정장　かりる 2 빌리다　とうし 투자　ワーホリ 워킹 홀리데이

Step 2
이번에는 우리말만 보고 패턴 사용해 문장 말해보기

저녁을 만들기 위해 장을 봤어요. / ゆうしょくを つくるために かいものを しました。

페스티벌을 보기 위해 입장권을 샀어요.

커피를 마시기 위해 물을 끓였어요.

면접에 가기 위해 정장을 빌렸어요.

집을 사기 위해 투자를 해요.

프랑스어를 배우기 위해 워킹 홀리데이를 가요.

Step 3
패턴이 들어간 실제 회화 따라 말해보기

들고 있는 것이 무엇인지 묻는 사람에게
물건을 빌린 목적을 설명할 때

타나카　それ、なんですか。
　　　　소레, 난데스까
　　　　그거, 뭐예요?

스즈키　これですか。めんせつに いくために スーツを かりました。
　　　　코레데스까 멘세쯔니 이꾸 타메니 스-쯔오 카리마시따
　　　　이거요?　　면접에　　가기 위해　정장을　　빌렸어요.

Day 67

여러 가지를 나열하는 そして 패턴
^{소시떼}

교토를 여행해요. 그리고 고베도 가요.

きょうとを　りょこうします	+	そして	+	こうべも　いきます
쿄-또오　료코-시마스		소시떼		코-베모　이끼마스
교토를 여행해요		그리고		고베도 가요

りょこう 여행

여러 가지 내용을 나열할 때 사용하는 패턴이에요. 이때, そして 앞뒤의 내용은 시간 순서여야 해요. そして(그리고) 앞뒤에 두 가지 내용을 시간 순서로 넣어 말해 보세요.

 ## Step 1
패턴이 사용된 문장 따라 말해보기

にくを　やきます。　そして　サラダも　つくります。
니꾸오　야끼마스　소시떼　사라다모　츠꾸리마스
고기를　구워요.　그리고　샐러드도　만들어요.

かぞくを　よびます。　そして　ともだちも　よびます。
카조쿠오　요비마스　소시떼　토모다찌모　요비마스
가족을　초대해요.　그리고　친구도　초대해요.

みずを　やります。　そして　ひりょうも　やります。
미즈오　야리마스　소시떼　히료-모　야리마스
물을　줘요.　그리고　비료도　줘요.

えを　かきます。　そして　カリグラフィーも　します。
에오　카끼마스　소시떼　카리구라휘-모　시마스
그림을　그려요.　그리고　캘리그래피도　해요.

びょういんに　いきました。　そして　てんてきも　うちました。
뵤-인니　이끼마시따　소시떼　텐떼끼모　우찌마시따
병원에　갔어요.　그리고　수액도　맞았어요.

にく 고기　サラダ 샐러드　よぶ 1 초대하다　ひりょう 비료　え 그림　かく 1 그리다　カリグラフィー 캘리그래피　てんてき 수액　うつ 1 맞다

Step 2
이번에는 우리말만 보고 패턴 사용해 문장 말해보기

| 교토를 여행해요. 그리고 고베도 가요. | きょうとを りょこうします。そして こうべも いきます。 |

고기를 구워요. 그리고 샐러드도 만들어요.

가족을 초대해요. 그리고 친구도 초대해요.

물을 줘요. 그리고 비료도 줘요.

그림을 그려요. 그리고 캘리그래피도 해요.

병원에 갔어요. 그리고 수액도 맞았어요.

Step 3
패턴이 들어간 실제 회화 따라 말해보기

💬 휴가 계획을 말하는 사람에게
나의 여행 계획을 나열하여 말할 때

스즈키
와 따 시 와 / 콘 도 / 오 끼 나 와 니 / 이 끼 마 스
わたしは こんど おきなわに いきます。
저는 / 이번에 / 오키나와에 / 가요.

타나카
이 - 데 스 네 / 보꾸와 / 쿄 - 또오 / 료꼬-시마스 / 소시떼 / 코 - 베 모 / 이 끼 마 스
いいですね。ぼくは きょうとを りょこうします。そして こうべも いきます。
좋네요. / 저는 / 교토를 / 여행해요. / 그리고 / 고베도 / 가요.

Day 68

예상과 다른 결과를 말하는 でも 패턴
데 모

야근했어요. 하지만 일이 끝나지 않았어요.

MP3바로 듣기

ざんぎょうしました + でも + しごとが おわりませんでした
장교-시마시따 · 데모 · 시고또가 오와리마셍데시따
야근했어요 · 하지만 · 일이 끝나지 않았어요

ざんぎょう 야근   おわる 1 끝나다

예상했던 것과 다른 결과가 나왔을 때 사용하는 패턴이에요. でも(하지만) 뒤에 예상과 다른 결과를 넣어 말해 보세요.

Step 1
패턴이 사용된 문장 따라 말해보기

まちました。 でも、かれが きませんでした。
마찌마시따 · 데모 · 카레가 · 키마셍데시따
기다렸어요. 하지만, 그가 오지 않았어요.

いそぎました。 でも、ていこくに つきませんでした。
이소기마시따 · 데모 · 테-꼬꾸니 · 츠끼마셍데시따
서둘렀어요. 하지만, 정각에 도착하지 못했어요.

でんわしました。 でも、あいてが でませんでした。
뎅와시마시따 · 데모 · 아이떼가 · 데마셍데시따
전화했어요. 하지만, 상대가 받지 않았어요.

ひるねしました。 でも、つかれが とれませんでした。
히루네시마시따 · 데모 · 쯔까레가 · 토레마셍데시따
낮잠을 잤어요. 하지만, 피로가 풀리지 않았어요.

あやまりました。 でも、なかなおり できませんでした。
아야마리마시따 · 데모 · 나카나오리 · 데끼마셍데시따
사과했어요. 하지만, 화해 하지 못했어요.

いそぐ 1 서두르다   ていこく 정각   つく 1 도착하다   あいて 상대   でる 2 받다   ひるねする 3 낮잠을 자다   つかれ 피로
とれる 2 풀리다   あやまる 1 사과하다   なかなおり 화해

Step 2
이번에는 우리말만 보고 패턴 사용해 문장 말해보기

야근했어요. 하지만, 일이 끝나지 않았어요.	ざんぎょうしました。でも、しごとが おわりませんでした。

- 기다렸어요. 하지만, 그가 오지 않았어요.
- 서둘렀어요. 하지만, 정각에 도착하지 못했어요
- 전화했어요. 하지만, 상대가 받지 않았어요.
- 낮잠을 잤어요. 하지만, 피로가 풀리지 않았어요.
- 사과했어요. 하지만, 화해하지 못했어요.

Step 3
패턴이 들어간 실제 회화 따라 말해보기

정시 퇴근했는지 묻는 동료에게
예상과 달리 일이 끝나지 않았다고 말할 때

스즈키: ていじたいしゃしましたか。
테 - 지 타 이 샤 시 마 시 따 까
정시 퇴근했나요?

타나카: いいえ、ざんぎょうしました。でも、しごとが おわりませんでした。
이 - 에, 장 교 - 시 마 시 따, 데 모, 시 고 또 가, 오 와 리 마 셍 데 시 따
아뇨, 야근했어요. 하지만, 일이 끝나지 않았어요.

ていじたいしゃ 정시 퇴근

Day 69

원인을 말하는 だから 패턴

공원이 가까워요. 그래서, 자주 가요.

こうえんが ちかいです + だから + よく いきます
공원이 가까워요 / 그래서 / 자주 가요

ちかい 가깝다　よく 자주

원인과 결과를 말할 때 사용하는 패턴이에요. だから(그래서) 앞에 원인, 뒤에 결과를 넣어 말해 보세요.

Step 1
패턴이 사용된 문장 따라 말해보기

ハンバーガーが すきです。だから、よく たべます。
햄버거를　　　좋아해요.　그래서,　자주　먹어요.

みせが きれいです。だから、また きたいです。
가게가　예뻐요.　　그래서,　또　오고 싶어요.

しごとが すくないです。だから、すぐ おわります。
일이　　적어요.　　　그래서,　곧　끝나요.

てんきが わるいです。だから、はやく かえります。
날씨가　안 좋아요.　　그래서,　서둘러　돌아갈 거예요.

てんかいが おもしろいです。だから、いつも みます。
전개가　　재미있어요.　　　그래서,　항상　봐요.

はやく 서둘러　てんかい 전개　いつも 항상

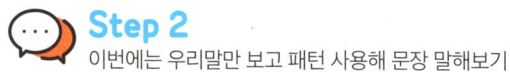

Step 2
이번에는 우리말만 보고 패턴 사용해 문장 말해보기

공원이 가까워요. 그래서, 자주 가요. 　こうえんが ちかいです。だから、よく いきます。

햄버거를 좋아해요. 그래서, 자주 먹어요.

가게가 예뻐요. 그래서, 또 오고 싶어요.

일이 적어요. 그래서, 곧 끝나요.

날씨가 안 좋아요. 그래서, 서둘러 돌아갈 거예요.

전개가 재미있어요. 그래서, 항상 봐요.

Step 3
패턴이 들어간 실제 회화 따라 말해보기

 좋아하는 애니에 대해 얘기를 꺼낸 상대에게
이 애니를 좋아하게 된 원인을 말할 때

스즈키　その　アニメ、よく　みますね。
　　　　그　　애니,　　자주　보네요。

타나카　てんかいが　おもしろいです。だから、いつも　みます。
　　　　전개가　　　재미있어요。　　그래서,　항상　봐요。

Day 70

정보를 덧붙이는 それに 패턴
소 레 니

목이 아파요. 게다가, 열도 있어요.

のどが いたいです + それに + ねつも あります
(노도가 이따이데스)   (소레니)   (네쯔모 아리마스)
목이 아파요   게다가   열도 있어요

のど 목 いたい 아프다 ねつ 열

어떤 일에 대한 추가적인 정보를 덧붙여 말할 때 사용하는 패턴이에요. **それに**(게다가) 뒤에 앞선 내용과 관련 있는 추가 정보를 넣어 말해 보세요.

Step 1
패턴이 사용된 문장 따라 말해보기

ちょうしょくが おいしいです。 それに、 おんせんも あります。
(쵸-쇼꾸가)   (오이시-데스)   (소레니)   (온셈모)   (아리마스)
조식이   맛있어요.   게다가,   온천도   있어요.

はらさんは やさしいです。 それに、 あたまも いいです。
(하라상와) (야사시-데스)   (소레니)   (아따마모) (이-데스)
하라 씨는   상냥해요.   게다가,   머리도   좋아요.

セットが やすいです。 それに、 のみものも つきます。
(셋또가) (야스이데스)   (소레니)   (노미모노모) (츠끼마스)
세트가   저렴해요.   게다가,   음료도   포함돼요.

ゴルフが できます。 それに、 たっきゅうも うまいです。
(고루후가) (데끼마스) (소레니)   (탁뀨-모)   (우마이데스)
골프를   할 수 있어요. 게다가,   탁구도   잘해요.

メロディーが いいです。 それに、 かしも かっこいいです。
(메로디-가)   (이-데스)   (소레니)   (카시모) (칵꼬이-데스)
멜로디가   좋아요.   게다가,   가사도   멋져요.

ちょうしょく 조식 おんせん 온천 やさしい 상냥하다 あたま 머리 のみもの 음료 つく 포함되다 たっきゅう 탁구
メロディー 멜로디 かし 가사 かっこいい 멋지다

Step 2
이번에는 우리말만 보고 패턴 사용해 문장 말해보기

목이 아파요. **게다가**, 열도 있어요.	のどが いたいです。**それに**、ねつも あります
조식이 맛있어요. **게다가**, 온천도 있어요.	
하라 씨는 상냥해요. **게다가**, 머리도 좋아요.	
세트가 저렴해요. **게다가**, 음료도 포함돼요.	
골프를 할 수 있어요. **게다가**, 탁구도 잘해요.	
멜로디가 좋아요. **게다가**, 가사도 멋져요.	

Step 3
패턴이 들어간 실제 회화 따라 말해보기

증상을 묻는 의사 선생님에게
아픈 곳에 대해 정보를 덧붙일 때

의사　　도 - 나 사 이 마 시 따 까
　　　どうなさいましたか。
　　　어디가 아프세요?

스즈키　노 도 가　　이 따 이 데 스　　소 레 니　　네 쯔 모　　아 리 마 스
　　　のどが　いたいです。それに、ねつも あります。
　　　　목이　　　　아파요.　　　　게다가,　　열도　　있어요.

どうなさいましたか 어디가 아프세요?, 무슨 일이세요?

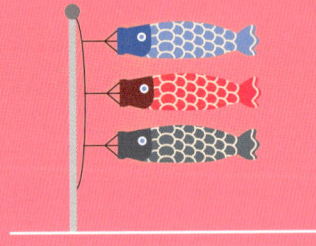

부록

01 | 대명사와 가족 호칭

02 | 숫자·시간·날짜 표현

03 | 인사말

01 대명사와 가족 호칭

☑ 대명사

1) 인칭대명사

나	나 (남자)	너	그	그녀	누구
와 따 시 **わたし**	보 꾸 **ぼく**	아 나 따 **あなた**	카 레 **かれ**	카 노 죠 **かのじょ**	다 레 **だれ**

2) 지시대명사

	이것	그것	저것	어느 것
사물	코 레 **これ**	소 레 **それ**	아 레 **あれ**	도 레 **どれ**
	여기	거기	저기	어디
장소	코 꼬 **ここ**	소 꼬 **そこ**	아 소 꼬 **あそこ**	도 꼬 **どこ**
	이쪽	그쪽	저쪽	어느 쪽
방향	코 찌 라 **こちら**	소 찌 라 **そちら**	아 찌 라 **あちら**	도 찌 라 **どちら**

☑ 가족 호칭

*괄호 안의 표현은 다른 사람에게 나의 가족을 소개할 때 사용하는 표현이에요!

어머니	아버지	형/오빠	누나/언니	남동생	여동생
오까-상 **おかあさん** 하하 (はは)	오또-상 **おとうさん** 치치 (ちち)	오니-상 **おにいさん** 아니 (あに)	오네-상 **おねえさん** 아네 (あね)	오또-또 **おとうと**	이모-또 **いもうと**
할머니	할아버지	삼촌	이모/고모	사촌	손주
오바-상 **おばあさん** 소보 (そぼ)	오지-상 **おじいさん** 소후 (そふ)	오지상 **おじさん** 오지 (おじ)	오바상 **おばさん** 오바 (おば)	이또꼬 **いとこ**	마고 **まご**
남자 조카	여자 조카	남편	아내	아들	딸
오이 **おい**	메이 **めい**	옫또 **おっと**	츠마 **つま**	무스꼬 **むすこ**	무스메 **むすめ**
부모님	친척	형제	자매	첫째	막내
료-싱 **りょうしん**	신세키 **しんせき**	쿄-다이 **きょうだい**	시마이 **しまい**	초-시 **ちょうし**	스엑꼬 **すえっこ**

02 숫자·시간·날짜 표현

☑ 숫자

1) 0~10

0	1	2	3	4	5
레- **れい** 제로 **ゼロ** 마루 **まる**	이찌 **いち**	니 **に**	상 **さん**	시 욘 **し・よん**	고 **ご**
	6	7	8	9	10
	로꾸 **ろく**	시찌 나나 **しち・なな**	하찌 **はち**	쿠 큐- **く・きゅう**	쥬- **じゅう**

2) 10~100

10	20	30	40	50
쥬- **じゅう**	니 쥬- **にじゅう**	산 쥬- **さんじゅう**	욘 쥬- **よんじゅう**	고 쥬- **ごじゅう**
60	70	80	90	100
로꾸 쥬- **ろくじゅう**	나나 쥬- **ななじゅう**	하찌 쥬- **はちじゅう**	큐- 쥬- **きゅうじゅう**	햐꾸 **ひゃく**

3) 개수

하나	둘	셋	넷	다섯
히또쯔 **ひとつ**	후따쯔 **ふたつ**	밑쯔 **みっつ**	욧쯔 **よっつ**	이쯔쯔 **いつつ**
여섯	일곱	여덟	아홉	열
뭇쯔 **むっつ**	나나쯔 **ななつ**	얏쯔 **やっつ**	코꼬노쯔 **ここのつ**	토- **とお**

☑ 시간

1) ~시 (~じ)

1시	2시	3시	4시	5시	6시
이 찌 지 **いちじ**	니 지 **にじ**	산 지 **さんじ**	요 지 **よじ**	고 지 **ごじ**	로꾸지 **ろくじ**
7시	8시	9시	10시	11시	12시
시찌지 **しちじ**	하찌지 **はちじ**	쿠 지 **くじ**	쥬 - 지 **じゅうじ**	쥬-이찌지 **じゅういちじ**	쥬 - 니 지 **じゅうにじ**

2) ~분 (~ふん)

1분	2분	3분	4분	5분
입 뿡 **いっぷん**	니 홍 **にふん**	삼 뿡 **さんぷん**	욤 뿡 **よんぷん**	고 홍 **ごふん**
6분	7분	8분	9분	10분
롭 뿡 **ろっぷん**	나나 홍 **なな ふん**	하찌 홍 **はちふん** 합 뿡 **はっぷん**	큐 - 홍 **きゅうふん**	즙 뿡 **じゅっぷん**
20분	30분	40분	50분	60분
니 즙 뿡 **にじゅっぷん**	산 즙 뿡 **さんじゅっぷん**	욘 즙 뿡 **よんじゅっぷん**	고 즙 뿡 **ごじゅっぷん**	로꾸즙뿡 **ろくじゅっぷん**

☑ 날짜

1) ~월 (~がつ)

1월	2월	3월	4월	5월	6월
이찌가쯔 いちがつ	니가쯔 にがつ	상가쯔 さんがつ	시가쯔 しがつ	고가쯔 ごがつ	로꾸가쯔 ろくがつ
7월	8월	9월	10월	11월	12월
시찌가쯔 しちがつ	하찌가쯔 はちがつ	쿠가쯔 くがつ	쥬-가쯔 じゅうがつ	쥬-이찌가쯔 じゅういちがつ	쥬-니가쯔 じゅうにがつ

2) ~일 (~にち)

1일	2일	3일	4일	5일
츠이따찌 ついたち	후쯔까 ふつか	믹까 みっか	욕까 よっか	이쯔까 いつか
6일	7일	8일	9일	10일
무이까 むいか	나노까 なのか	요-까 ようか	코꼬노까 ここのか	토-까 とおか
11일	12일	13일	14일	15일
쥬-이찌니찌 じゅういちにち	쥬-니니찌 じゅうににち	쥬-산니찌 じゅうさんにち	쥬-욕까 じゅうよっか	쥬-고니찌 じゅうごにち
16일	17일	18일	19일	20일
쥬-로꾸니찌 じゅうろくにち	쥬-시찌니찌 じゅうしちにち	쥬-하찌니찌 じゅうはちにち	쥬-쿠니찌 じゅうくにち	하쯔까 はつか
21일	22일	23일	24일	25일
니쥬-이찌니찌 にじゅういちにち	니쥬-니니찌 にじゅうににち	니쥬-산니찌 にじゅうさんにち	니쥬-욕까 にじゅうよっか	니쥬-고니찌 にじゅうごにち
26일	27일	28일	29일	30일
니쥬-로꾸니찌 にじゅうろくにち	니쥬-시찌니찌 にじゅうしちにち	니쥬-하찌니찌 にじゅうはちにち	니쥬-쿠니찌 にじゅうくにち	산쥬-니찌 さんじゅうにち

3) 요일 (~ようび)

일요일	월요일	화요일	수요일	목요일	금요일	토요일
니찌요-비 **にちようび**	게쯔요-비 **げつようび**	카요-비 **かようび**	스이요-비 **すいようび**	모꾸요-비 **もくようび**	킹요-비 **きんようび**	도요-비 **どようび**

4) 날 (~ひにち)

어제	오늘	내일
키노- **きのう**	쿄- **きょう**	아시따 **あした**
지난주	이번 주	다음 주
센 슈- **せんしゅう**	콘 슈- **こんしゅう**	라이 슈- **らいしゅう**
지난달	이번 달	다음 달
셍 게쯔 **せんげつ**	콩 게쯔 **こんげつ**	라이게쯔 **らいげつ**
작년	올해	내년
쿄 넹 **きょねん**	코토시 **ことし**	라이 넹 **らいねん**

03 인사말

1) 만날 때

안녕하세요. (아침 인사)	오하요-고자이마스	おはようございます。
안녕하세요. (낮 인사)	콘니찌와	こんにちは。
안녕하세요. (저녁 인사)	콤방와	こんばんは。
처음 뵙겠습니다.	하지메마시떼	はじめまして。
잘 부탁드립니다.	요로시꾸 오네가이시마스	よろしくおねがいします。
오랜만이에요.	오히사시부리데스	おひさしぶりです。

2) 헤어질 때

그럼, 또 봐요.	쟈, 마따	じゃ、また。
안녕히 계세요.	사요-나라	さようなら。
안녕히 주무세요.	오야스미(나사이)	おやすみ(なさい)。

*친한 사이에는 なさい를 빼고 말할 수 있어요!

3) 사과할 때

죄송합니다.	고멘나사이	ごめんなさい。
미안합니다. / 실례합니다.	스미마셍	すみません。
아뇨, 괜찮아요.	이-에, 다이죠-부데스	いいえ、だいじょうぶです。

4) 감사, 축하할 때

고맙습니다.	아리가또-고자이마스	**ありがとうございます。**
천만에요.	도-이따시마시떼	**どういたしまして。**
축하해요.	오메데또-고자이마스	**おめでとうございます。**

5) 식사할 때

드세요. / 여기요.	도-조	**どうぞ。**
잘 먹겠습니다.	이따다끼마스	**いただきます。**
잘 먹었습니다.	고치소-사마데시따	**ごちそうさまでした。**

6) 외출, 귀가, 방문할 때

다녀오겠습니다.	잇떼끼마스	**いってきます。**
다녀오세요.	잇떼랏샤이	**いってらっしゃい。**
다녀왔습니다.	타다이마	**ただいま。**
어서와요. (외출하고 돌아온 사람에게)	오까에리나사이	**おかえりなさい。**
실례합니다.	오쟈마시마스	**おじゃまします。**
환영합니다.	요-꼬소	**ようこそ。**

초판 2쇄 발행	2025년 11월 3일
초판 1쇄 발행	2025년 3월 14일

지은이	해커스 일본어연구소
펴낸곳	㈜해커스 어학연구소
펴낸이	해커스 어학연구소 출판팀
주소	서울특별시 서초구 강남대로61길 23 ㈜해커스 어학연구소
고객센터	02-537-5000
교재 관련 문의	publishing@hackers.com
	해커스일본어 사이트(japan.Hackers.com) 교재 Q&A 게시판
동영상강의	japan.Hackers.com
ISBN	978-89-6542-761-2 (13730)
Serial Number	01-02-01

저작권자 © 2025, 해커스 어학연구소
이 책 및 음성파일의 모든 내용, 이미지, 디자인, 편집 형태에 대한 저작권은 저자에게 있습니다.
서면에 의한 저자와 출판사의 허락 없이 내용의 일부 혹은 전부를 인용, 발췌하거나 복제, 배포할 수 없습니다.

일본어교육 1위,
해커스일본어(japan.Hackers.com)

￥ 해커스 일본어

- 하루 10분씩 따라 하면 일본어회화가 되는 **본 교재 인강** (교재 내 할인쿠폰 수록)
- 기초 패턴 정리표, 패턴 문장 쓰기노트, 단어 퀴즈 등 다양한 무료 학습 콘텐츠
- 따라만 해도 술~ 술~ 말문이 트이는 교재 MP3

일본어교육 **1위** 해커스
말문이 트이는
해커스일본어 학습 시스템

한경비즈니스 선정 2020 한국브랜드 선호도 교육(온·오프라인 일본어) 부문 1위 해커스

하루 10분 강의
언제 어디서나
부담없이 짧고 쉽게!

일본어 무료 레벨테스트
내 실력을 진단하고
맞춤형 학습법 제시

1:1 질문 & 답변 시스템
언제 어디서나!
1:1 맞춤 학습 상담

무료 학습자료 무한제공
학습 효율 극대화!
데일리 학습자료 제공

해커스일본어 japan.Hackers.com